JN102179

大学における教員養成の未来

「グランドデザイン」の提案

日本教師教育学会
〈監修〉

鹿毛 雅治・勝野 正章・牛渡 淳
岩田 康之・浜田 博文
〈編〉

学文社

まえがき

　「よい教師」とはいかなる存在なのか。さらには、どのようにして「よい教師」になるのか。これらは古くて新しい問いである。特に学校制度が成立して以来、「よい教師」の特質が「よい教育」の条件として問われるとともに、「よい教師」の育成というテーマについてもさまざまな立場から検討されてきた。

　これらの問いに対する答えやそれに至る考え方は問う主体によって異なっているに違いない。わが国においては、国策の一環として明示された「望ましい教師像」に基づいて教員の養成や研修のあり方が具体的に提示され、それによって教師教育の実際が強く規定されてきたという歴史的経緯がある。とりわけ戦後においては、「大学における教員養成」を大原則として「開放制」と「免許状主義」を原理としつつも、その内実は教職課程の認定制度によってコントロールされてきた。近年のわかりやすい一例をあげるなら、教育職員免許法施行規則の改正（2017年）に伴う教職課程の再課程認定において、文部科学省から教育の目標や内容（何のために何を教えるべきか）を明記した「教職課程コアカリキュラム」が示されて認定審査が行われた。このような教員養成の制度やカリキュラムは、まさしく冒頭に挙げた問いに対する国家による政策的な「答え」にほかならない。しかし、その「答え」はそもそも妥当なのだろうか。

　教師教育をテーマとするわが国の研究者たちは、国家が示すこのような政策について学問的な立場に立脚してクリティカルな検討を真摯に積み重ねてきた。その一方で、もどかしい思いを秘めつつも学問的に必ずしも妥当であると確信できない国からの「答え」を結果的には受容しつづけてきたというのも事実であろう。しかもその「受け入れざるをえない」という無力感もいつの間にか意識から遠のき、大学における教員養成の前線にかかわる者たちは現状に順応しているかのようにもみえる。もし必ずしも妥当とはいえない制度やカリキュラムなのであれば、このような現状に対して手をこまねいてきたわれわれの自覚

や反省、さらには責任があらためて問われるべきだろう。

はたして大学における教師教育はこれでよいのだろうか。

われわれ日本教師教育学会第 11 期課題研究Ⅱ「大学教育と教師教育」のメンバーは、上記のような現状に対する変革に向けて一石を投じるべく、大学における教員養成の「再構築」を目指し、一連の研究活動を通じてまとめた成果を「グランドデザイン」として世に問うことにした。科学研究費基盤研究（B）による本研究プロジェクトでは、有識者へのインタビュー調査や教職課程に関わる広範な人たちを対象とした質問表調査を実施するとともに、公開シンポジウムや公開研究会を複数回にわたって開催するなど広く意見を聴取する機会を設けながら、理論的かつ実証的な研究活動を進めてきた。本書はその三年半にわたる研究成果をまとめたものである。

本書の構成は以下の通りである。まず序章で「グランドデザイン」およびその具体的な提案（モデル化）を示し、それに続く各章ではメンバーそれぞれの専門性や独自の研究関心を活かして執筆された論考を、三つの部（「これからの教師像」「教職課程カリキュラムを問う」「教職課程をめぐる制度を問う」）、終章、補章という並びでまとめた。また、巻末には調査データを資料として示した。

われわれの研究プロジェクトの主要な成果は「グランドデザイン」とその「モデル化」であるが、そもそも研究テーマ自体の射程があまりにも広く、かつ各論においてはそれぞれ深い検討が求められるということもあり、目が行き届いていなかったり考察が不十分であったりする点が少なからず残されていることについては深く自覚している。ぜひ忌憚のないご意見を賜れれば幸いである。これを一つの手がかりとして広く議論が活性化し、ひいてはよりよい教師教育の実現に向けた変革の動きへとつながることを心より期待する次第である。

2024 年 3 月

編者を代表して　鹿毛雅治

※本書は、JSPS 科研費（2021-23 年度採択、基盤研究（B）（一般）、21H00823、代表：鹿毛雅治）による研究成果の一部である。

目　　次

• 序章
今後の教師教育の「グランドデザイン」および「モデル化」の提案

• 日本教師教育学会

はじめに

　日本教師教育学会（第10期：2017-2020年）では、教育職員免許法施行規則の改正（2017年）に伴う教職課程の再課程認定の過程で生じた諸問題について検討する必要性が生じたことを契機として、大学における教職課程の問題について学問的な見地から検討を深めることを目的とした研究部会として特別課題研究II「大学教育と教職課程」を発足させた。さらに、新体制となった第11期（2021-2023年）ではその成果と課題を引き継ぎ、さらなる検討を行うための新たな研究部会として課題研究II「大学教育と教師教育」を発足させるとともに、この課題研究を推進するにあたって科学研究費基盤研究（B）「『大学における教員養成』の再構築に関する理論的・実証的研究」（2021-2023年度）を申請して採択された。

　本課題研究においては、理論的および実証的アプローチを統合的に推進することを通して、大学における教員養成の理念や実態を明らかにするとともに、そのシステムの再構築に向けて、日本における教員養成の新たな高度化に向けた将来像を描き出し、具体的な提言を行うことを目指した。

　三年半にわたる研究活動において、25名の有識者を対象としたインタビュー調査、1800名以上を対象とした質問表調査を実施するとともに、公開シンポジウムや公開研究会を含む研究協議の場を30回以上にわたって開催した。それらの研究成果として、今後の大学における教師教育に関する基本的な考え方と提言を「グランドデザイン」、それを具体化した提案を「モデル化」としてそれぞれまとめ、以下の文書として確定した。

（鹿毛雅治）

今後の教師教育の「グランドデザイン」

日本教師教育学会・課題研究 II 部会

鹿毛雅治（慶應義塾大学：担当常任理事）
勝野正章（東京大学：担当理事）
浜田博文（筑波大学：会長）
牛渡 淳（仙台白百合女子大学：研究推進委員長）
岩田 康之（東京学芸大学：研究推進副委員長）
川村 光（関西国際大学）
金馬 国晴（横浜国立大学）
塩津 英樹（島根大学）
仲田 康一（法政大学）
樋口 直宏（筑波大学）
日暮 トモ子（日本大学）
福島 裕敏（弘前大学）
伏木 久始（信州大学）
町田 健一（元国際基督教大学）
和井田 節子（共栄大学）
山崎 奈々絵（聖徳大学）

はじめに

　教師とは、未来の社会に生きる子どもたちの学びを促し、一人ひとりの人として の成長を支えるユニークな専門職です。しかし、現在、わが国においては、学校がさまざまな問題や課題を抱え、教師の仕事が複雑化・高度化する一方で教員不足が切実な問題となっており、本来、魅力に満ちているはずの教師という意義深い職業をめぐって危機的な状況が生じています。

　教職の在り方が質と量の両方から問い直される現状に対して、政府・文部科学省からさまざまな対応策が相次いで出されていますが、日本教師教育学会は、教師教育の専門学会として、より根本的かつ学術的に、教師教育の今後の在り方について検討する必要があると考えています。

　教員養成を大学で行うことの意味は、次のように捉えられるのではないでしょうか。すなわち、「教養教育」を通じて働きかけの対象となる人間という存在や社会の在り方に関する深い洞察を行い市民性や人権感覚等を養うこと、また、アカデミックな学問としての「教育学教育」を通じて正答が一義的には見つからない教育の諸問題に向き合い、多様な視点やアプローチから教育という営みについて考察し、教育のありうる姿を自ら構想・具体化する力を身につけること、さらには、「諸学問の教育」を通して専門科学のディシプリンを身につけ、生涯を通じて科学の進歩や社会の変化に対応する力を身につけることです。こうした「市民的教養」や「教育学的教養」、そして、「教科の教養」が、将来のプロフェッショナルな教師を育てることを目指して行われる大学での養成教育の共通基盤（大学で学ぶべき基礎的素養）として改めて確認されるべきでしょう。

　以上を踏まえ、日本教師教育学会・課題研究Ⅱ「大学教育と教師教育」では、大学におけるこれからの教員養成の在り方について検討するための研究プロジェクトを発足させるとともに、2021年度科学研究費基盤研究（B）（「大学における教員養成」の再構築に関する理論的・実証的研究）を申請し、採択されました。

　本プロジェクトの研究成果として、我々は、教員養成に関わるすべての高等教育機関の教員が共有すべき「基本的な考え方」及び教員養成に関わるすべての関係者が共通の基盤に立って議論ができるような「基本理念」を構築する必要があると考え、教員養成の「多様性」と「共通性」をともに重視するような「グランドデザイン」（基本的な考え方と提言）と、それを実現するための具体的なモデル（提案：「グランドデザイン」のモデル化）をここに提案いたします。今後のわが国の教師教育改革の一助となれば幸いです。

◎基本的な考え方
(1)「これからの教師像」をどのようなものとして捉えるか
　現在、大きな社会的変革が進む中で、学校そのものも大きく変化しています。教師は、こうした新しい学校教育において中心的な役割を担うことが期待され

ており、その専門性の向上がより一層求められています。また、子どもの教育を支える「公的」な職業として、その重要性はますます大きなものとなっています。こうした中で、我々はこれからの教師を「自律的でクリエイティブな高度専門職」として位置づけたいと思います。すなわち、これからの教師は「学びと成長の専門家」であり、かつ、市民性（社会的公正など）や豊かな感性（人権感覚など）を基盤とした「自ら学び考える教師」であるべきです。しかもそのような教師の専門的な力量は、同僚性や協働が重視される職場環境の下でこそ十全に発揮されます。こうした教師になるためには、教育や教科に関連する理論を「幅広く探究的に学ぶ体験」が必要であり、それは大学教育を通じてこそ実現します。そこでは教師としての即戦力そのものを重視するというよりも、以上のような教師に求められる力量のうちの基本的素養を、「探究的・研究的な学び」を通して培うことが中心になると考えます。

　この実現に向けて、大学における教員養成については、「市民的教養」「教育学的教養」「教科の教養」の探究を通して望ましい力量を育成することができるカリキュラムを構築する必要があると考えます。同時に、教員養成に携わる大学の教師にも、学生が身につけるべき力量を念頭に置きながら、大学全体で組織的な改革に取り組み、同時に、自らの教育実践や授業の在り方を改善し続けていくことが求められます。

（2）「理論」と「実践」の関係をどのように考えるのか

　専門職の養成においては、理論と実践の両面が重視されるべきです。しかし、子どもたちがいない大学における養成で実践的な力量を形成するには限界があります。また、現在、大学においては履修登録できる単位の上限を設ける制度（キャップ制）が導入され、学校教育現場で必要とされる事項を次々とカリキュラムに加えることにも限界があり、（1）で述べた、本来大学で学ぶべき基本的素養の修得が困難になりつつあります。

　こうしたことから、我々は、理論的学びと実践的力量をともに身につけた教師を養成するために、現行の4年制の学士課程の後に、多様なルートを持つ2

年程度の課程（大学院修士レベル）を加えて標準とする新たな制度的枠組みを提唱します。現在、教師の職務が複雑化・高度化している現状、及び、心理系・薬学系・医学系等、他の専門職が大学院レベルまでその養成期間を延長していること、さらには、欧米諸国においては教員養成が大学院レベルまで引き上げられつつあるという国際的な動向を踏まえれば、教職を高度な専門職とするための必要な方策と考えます。この2年程度の課程（大学院修士レベル）においては、高度な専門性を獲得できる多様なルートやカリキュラムを提案したいと考えています。

(3)「質」と「量」の両方を視野に入れた制度設計をどのように行うか

　教師の養成に関しては、質と量の確保をともに視野に入れた制度設計が必要と考えます。「質」に関しては、入職後の即戦力の必要性は認められるものの、基本的に、教育に関する諸学問の知や教科等に関連する専門分野の知といった「大学でこそ学ぶべきこと」や「大学でしか学べないこと」を前提とした養成制度であるべきです。なぜなら、入職後に、高度な専門職として生涯にわたって学び続ける基礎を培うことこそが、大学教育の役割だと考えるからです。

　「量」に関しては、現在、教員不足が大きな問題となっていますが、教員不足を理由として大学における教師の養成を軽視することは、専門職としての教師の社会的地位を脅かすものです。質と量を両立させるためには、基本的に、教職をより魅力的な職業とするための諸施策を実施すると同時に、質を向上させながら多くの人々が教師の道を選択できる、新たな「柔軟かつ多様な制度的枠組み」を構築する必要があります。なぜならば、他の専門職と比較して、圧倒的に多くの、そして、多様な教師が必要とされているからであり、唯一の単独モデルによる養成では質と量を両立させることは不可能だと考えるからです。そのため、我々は、開放制の原則のもとで、目的養成と並立する多様な教職課程の在り方を具体的に構想しています。

　そのため、質と量の両方を視野に入れた新しい制度として、上記 (2) で示したような、4年制の学士課程の後に、多様なルートを持つ2年程度の課程（大

学院修士レベル）を加えて標準とするような改革を提案します。言うまでもなく、教員不足が大きな問題となっている現状で、単一の6年制の養成課程のみを考えることは避けるべきです。入職後の教員の「学び直し」の機会としての大学院や、教職を志望する社会人を対象とした「学び直し」の機会としての大学院も重要なルートとして位置づけたいと考えています。その際には、十分な身分的・経済的保障も必要となりますが、それは教職の魅力を高めることにも繋がりますので、こうした施策も併せて提唱したいと考えます。

◎提言

1. 教職課程カリキュラムの再構築

　学校現場において教師が直面する教育の諸課題の多くは、それぞれ現れ方が異なり、複合的な要因が絡み合って生じます。それゆえ正答が一義的には見つかりません。大学における教養教育などの機会を通じて、教師の働きかけの対象となる人間という存在や人間の行為の意味に対する洞察を行うことは、教員養成のカリキュラムとして重要な意味を持ちます。

　教職課程のカリキュラムについては、教育職員免許法（1949年制定）及びその施行規則によって、教員免許状取得の要件となる科目構成やその単位数等が定められており、その後2017年の「教職課程コアカリキュラム」の策定以降、各科目に含むべき具体的な事項の標準化がすすめられています。ただしこの「教職課程コアカリキュラム」は、その内容や構成、さらには課程認定の行政手続と連動する形で実施されている運用の在り方などに多くの問題を抱えており、教職課程の水準を担保するうえでは不充分です。

　「大学における教員養成」原則には、こうした法制度や行政手続に各大学が従うのみならず、各大学がそれぞれ主体的にカリキュラムを構築し、その中に教員養成を位置づけていくという含意があります。

　時代や社会によって絶えず変化する教育課題を見据えるなら、「この課題にはこういう対応」というふうに項目を列挙する形で教員養成カリキュラムを考えることは適切ではありません。教育という営みについて多様な視点やアプ

ローチから考察し、教育のありうる姿を自ら構想し、それらを実践に結びつけるといった一連の信念や態度を含めた広汎な実践力を見据えつつ、「自ら学び考える教師」を培うべく「探究的・研究的な学び」を大学教育全体で創ることがカリキュラムの基本になります。

　日本では「開放制」原則のもと、国公私立の多様な大学が、それぞれの理念を持って学位プログラムを提供し、教員養成も学位プログラムと関係づけられて行われています。この日本特有の「開放制」の利点を活かし、学部や大学院の科目群に加え、いわゆるヒドゥン・カリキュラムも含めた大学教育全体のありようとして、「大学における教員養成」のカリキュラムの全体理念や構造を考えていく必要があります。

（1）大学教育で育むべき教師の力量

　教師が入職後の教育現場でキャリアを積む中で抱える課題は、時代により社会により時々刻々と変化します。長いキャリアの中では、入職時に想像もつかなかった課題に直面することになります。それゆえ、教師の力量は、それぞれの問題への対処能力という表層的なものにとどまらず、教育について自ら探究しつつ課題を発見、把握し、それぞれの課題の解決策を自ら導き、その時々の子どもたちとの関係において教育実践を行っていくという過程を視野に収めて捉えていくべきでしょう。それゆえ、大学における教員養成カリキュラムは、相互に関連しあう教育課題群を主体的に捉え、その解決を導く汎用的な能力の獲得をねらいとして大学（学部・大学院）カリキュラムの総体として構築されるべきものです。

　以下、大学（学部・大学院）カリキュラムの構成要素を大きく三つに分けて述べます。

① 探究力や市民性・感性を支える基礎教育〈市民的教養〉

　公教育の対象は多様な市民一般に及びます。その多様性（ダイバーシティ）を捉える視野の広さと、それぞれの立場から社会を捉える複眼的な思考を培うことは、大学教育の重要な役割です。教員養成カリキュラムの基層部分におい

て、専門職としての教師が、学びや成長のプロセスにさまざまなつまずきや困難を抱える子どもたちの課題を捉え、それらを解決に導く基本には、教育学に限らない広い教養、市民性や人権感覚・多文化共生等の感性、幅広い他者とのコミュニケーション能力などを涵養することが肝要です。

② 教員養成の基層としての教育学〈教育学的教養〉

　教師が教育課題を自ら主体的に把握するためには、教育学における基礎理論や、代表的な研究手法を身につけることが不可欠です。ヒトの成長・発達においてこれまでに課題となってきたことがらや、それらの解明のために採られてきた研究方法に習熟することで、教師はその先の課題を把握したり、新たな研究方法を探究したりすることが可能になります。それゆえ、大学における教職課程カリキュラムにおいては、実践的諸課題やそれらへの対応を学ぶことと同時に、教育に関する学問的探究の基礎としての教育学を位置づけることが肝要です。

③ 「教科専門」と専門科学のディシプリン〈教科の教養〉

　大学（学部・大学院）における各専門分野での学びは、教員養成との関係で大きく二つの意味を持ちます。ひとつはいわゆる「教科専門」として、教師自身が各教科の授業実践を行う際の知識・技能の前提になります。こうしたいわゆる教科専門としての意義のみならず、教科に直結しない分野も含め、大学教育における専門科学のディシプリンは、さまざまな現象を科学的に捉え、解析する力を養ううえでも重要です。いずれにしても、科学の進歩や社会の変化を主体的にフォローし、探究しつづける教師を育てることにつながります。

(2) 学士レベルを超えたさらなる学びの支援

　日本の現状においては、教師たちの多くは学部卒（学士）の段階で一種免許状を取得して入職しており、これが長らく事実上の標準とみなされてきていますが、今後は「自律的でクリエイティブな高度専門職」として「学士」≒「一種免許状」を超えたさらなる学びの支援を、日本の「開放制」の利点を活かしつつ、多様に考えていく必要があります。

　入職前に、教科に関わる専門的な知見をさらに深化させるような学びや、教育現場とアカデミックな知見とのつながりをさらに深めるような学びを積むことは積極的に進められるべきです。教育実習についても、より研究的な視点を持った実践研究として、そこでの体験をさらに深めていくような学びが確保されることが望まれます。

　また入職後に一定の実践経験を踏まえて、それぞれの実践の背景や根拠をさらに探究していったり、自らの実践を構造的に捉え直したりという学びを、一時的に現場から離れて深めていく機会も重要です。

　さらには教育に関わる専門的知見にとどまらず、異分野の専門的知見も踏まえ、豊かな学識を持った知的専門職として成長していくことも推奨されるべきでしょう。

　こうした学びの実質を確保すべく、現行の専修免許状に相当する部分のカリキュラムを多様に再構築するとともに、そうして得られた専門的知見の内容や水準に対して学会等が認定を与える仕組みを創っていくことも検討に値します。

(3)「大学における教員養成」の実践の改善

　「自ら学び考える教師」を養成するうえでは、各大学が主体的にカリキュラムを創り、学問的なベースに基づく教員養成を展開することが前提になります。そこで特に重要になるのは、免許法制や行政施策を踏まえるのみならず、それぞれの大学が主体的に学部・大学院のカリキュラムの目標設定をする中に教職を位置づけること、及び狭義の教育学や教職専門科目等の担当者のみならず、大学全体の構成員の合意のもとに組織的に教員養成が行われることの二点です。

　日本においては「開放制」原則のもと、多様な大学がそれぞれの立場から教員養成に参画できる条件を持っていますが、各大学や関係者が上述の二点を踏まえて「自ら学び考える」「高度専門職業人」としての教師の学びを支援する手立てを構築し、その共通理解に立って個々の大学教員が授業や指導を独自に展開していくことが重要です。当然のことながら、「自ら学び考える教師」のカリキュラムは、学ぶ者の主体性を前提として彼ら一人ひとりが自らの学びを

構築する手立てとして提供されるべきであり、大学における個々の授業等の実践も、この点に配慮しつつ学問的なベースに基づいて展開される必要があります。

こうしたことに関わって、関連学会等の役割もまた重要です。教員養成・教師教育に関わる学問的・研究的な裏打ちを与えることや、教員養成に関わる実践の交流やそれを通じての課題の共有を行っていくうえで、学会や、教員養成に関わる大学の連合体といった場の設定は、今後の教員養成・教師教育に関わる実践の改善にとって不可欠です。

2.「6年間を見通した教員養成システム」の構築

戦後日本は、教員の量的確保とともに、専門職としての成長（質保証）を目的として、「大学における教員養成」と「開放制」の二大原則の下で教員養成を行ってきました。しかし、教員不足や教員の多忙な労働環境など今日の教師の置かれている状況は複雑化しており、こうした問題に対応すべく、教師が「高度専門職」として、長期にわたる自身の成長を見通すことができる養成・研修制度を設計する必要性がこれまで以上に高まっています。

知的学問探究のプロセスとして大学における教員養成を展開し、さらに高度化するためには、教員（養成）の多様性を保障しつつ、教員の基礎資格を大学院（修士）へとレベルアップする必要があります。6年間を見通した制度設計によって、教養教育と教育学教育を結びつけるだけでなく、さらには、アカデミックな理論とプロフェッショナルな実践とが結びついた教員養成を新たに構想することが可能となります。学部教育だけで不十分なのは、求められる職務が高度化・複雑化していることに加え、日本の大学進学率が高くなった現状において、学士号のみで教職の専門性を高める、地位を向上させる、魅力を増加させるといったことは、もはや難しいということも理由です。

ここでいう大学院は、大きく一般大学院と教職大学院の二つに分けられます。近年の政策は、教員養成系の教育学研究科等をすべて教職大学院に移行させたことに顕著なように、教職大学院を大きく偏重する傾向にあります。しかし、

大学院においても多様性を保障し、開放制教員養成を維持することによって、制度的に、視野の広い、多様性に富んだ教員の養成を実現することができます。その際、学問的基盤を重視した、生涯を通じて研究のできる教員の養成の内実をどのように整備するかという観点から、大学院で行う教員養成においても教育学の果たす重要性を再検討することが求められます。

（1）大学院での学び直しを保障する多様なルートによる免許制度

　教員の基礎資格を大学院（修士）へとレベルアップするうえで、免許制度の再構築は不可避の課題です。学部卒を基礎資格とする「基礎免許状」（仮称）と修士レベルの学修・研究を基礎資格とする「標準免許状」（仮称）を基本的な枠組みとし、「基礎免許状」で教職に就くことは可能としつつ、原則的にすべての教師に「標準免許状」取得を求める制度への移行について検討を進める必要があります。

　その際、特に重要なことは、「自ら学び考える教師」という観点を基礎にすえて、「標準免許状」取得に至るルートの多様性を保障することです。学士課程修了後すぐに大学院に進学するルートだけではなく、現職教員が修士レベルの講義・演習・実習等を受講して「標準免許状」に必要な単位を積み上げ方式で取得するルートも認められなくてはなりません。また、大学卒業後、教職以外の仕事に就いた社会人にとっても、免許取得へのルートが広く開放されたものである必要があります。そのための一つの方策として、大学院の正規在籍を必須条件とはせず、科目等履修制度等を利用して免許取得に必要な修士レベルの単位が取得できる、より柔軟な制度の構築が考えられます。

　さらに、学士課程修了後すぐに大学院に進学する学生（いわゆる「ストレートマスター」）、現職教員、教職志望の社会人いずれもが安心して自ら学び続けられるよう、奨学金制度など経済的負担の軽減を講じる必要があります。現職教員の場合には、研修等定数の拡充や「有給研究休暇（サバティカル・リーブ）」制度の新設など、人事・勤務条件面での条件整備も必須です。

(2) 社会人を対象とした教員養成プログラム

　教員の大量退職・大量採用を背景に教員需要が高まりをみせるなか、多様な背景を持つ社会人を教員として確保することが求められています。外部人材の活用を目指し、教職希望の社会人に教職への道を開くことには意義があります。

　社会人から教職へと参入するルートとして教員資格認定制度がありますが、質を保証する観点からいえば、教員不足解消のための手段として同制度を積極的に活用することには、慎重であるべきです。なぜなら、専門職としての教師の力量は、大学の教職課程を通じて育成されるからです。また、特別免許状の交付の増大という安易な方策ではなく、例えば、通信教育課程の在り方の検討に加え、学士もしくは修士の学位をすでに有する者が、「教科及び教職に関する科目」または「特別支援教育に関する科目」の単位を1年もしくはそれ以上の期間をかけて修得することで免許が取得できる「教職特別課程」の活用などが考えられます。とりわけ、社会人の免許取得に関しては、1年以上の学びを継続し、修士レベルの免許状（標準免許状）を取得することが望ましいと考えます。

　現行の「教職特別課程」は、社会人から教職へと参入するルートとしては、例外的な位置づけと見なされる傾向がありますが、今後は、社会人経験を持つ教師に求められる資質能力とは何かを明らかにしつつ、6年間を見通した教員養成システムの中に、社会人対象の教員養成プログラムとして明確に位置づけていくことを検討する必要があります。

(3) 大学と現場をつなぐ「導入プロセス」の再編

　ここでいう「導入プロセス」とは、教員が、主に初任期を通じて教職に対する社会化を遂げるプロセスを指すこととします。

　養成段階において、特に教育実習は導入プロセスの役割を果たすものです。これについては、6年を標準とする多様なルートを保証する免許制度に応じ、多様な在り方が模索されるべきでしょう。例えば、時間数は、実習の質を担保する量的枠組みであり、教職大学院等では、長期的な実習を通じて理論と実践

を往還することが考えられますが、教員養成系でない大学（院）においては、学位に直結する学修・研究と相反する可能性を考慮し、長期化をしない判断も許容されるべきです。また、内容については、適応の向上だけを目指すというよりは、フィールド研究や授業研究の基礎を身につけるものとして充実を図るべきと考えられます。

　採用後の「導入プロセス」である初任者研修については、すでに教職大学院等の出身者の軽減措置などが行われていますが、ルートの多様性に即したいっそうの柔軟化を進めるとともに、正規・非正規を問わず初任期の教員が支援を受けられる仕組みが必要です。加えて、部活顧問や担任業務の減免など、個々の状況に応じて初任者の業務や責任の分有・軽減を図る体制を整備（条件整備を含む）することなどが求められます。

（4）課程認定制度の限界と新たな質保証制度の提言

① 文部科学省による課程認定制度の限界

　教員養成における質保証は、これまで文部科学省による課程認定制度に委ねられてきました。それは、①学科等の目的・性格と免許状との相当関係、②教育課程（教職科目に位置づける教育内容）、③教員組織（科目を担当する教員とその業績との対応関係）、④施設・設備、⑤教育実習校の5項目について指定の様式に教職課程を担う大学等が記入した文書を、課程認定委員会が点検する書面審査です。しかし、現状では膨大な数の審査対象に対して省内の審査体制には限界があり、教職課程の質保証の機能を十分に担保できるものではありません。実地視察を行うにしても現在の体制では数十年に1度程度のローテーションになる対象数であることから、教員養成の質保証を文科省の責任としている現状を見直す必要があります。

② 新たな質保証制度における専門学会・大学の役割

　教師教育にかかわる専門学会は、この状況に際して免許法の改正を伴う教職課程の質保証に向けた制度改革案を提案する必要があるでしょう。専門学会はまず、各大学が教員養成カリキュラムを編成する際に参照され、その自主性・

主体性の発揮を促進するような「ミニマム」ないし「エッセンシャル」カリキュラムを、拘束性の強い現行の「教職課程コアカリキュラム」に代わるものとして作成し、教員養成の質保証の責任の一端を担うべきです。内容的には、教育現場の喫緊の課題のみならず将来の課題に応える視野をもって教育現場の課題に向き合える力量を養うとともに、学術的な知見による研究能力を育むことも重要です。また、この作業プロセスにおいては、教員へのアンケート調査等を参考資料とし、各地で主体的に授業研究等の活動を展開する教育団体や、教員採用及び研修事業を担っている教育委員会との対話を踏まえる努力も求められます。

　さらに、基準を設けただけでは質保証を実質化できないため、実際の教員養成の取り組みをどのように点検評価していくかという検討が必要です。例えば、課程認定を有する大学機関同士のピアレビューを導入したり、好事例をレポート報告したりする取り組みも有効でしょう。

以上

提案：「グランドデザイン」のモデル化

I.　はじめに

1.　なぜ「モデル化」が必要か

　「グランドデザイン」では、これからの大学における教師教育において、「多様性」と「共通性」を両立させる新たな制度的枠組みと教育内容に関する原理について記し、教師教育の高度化をめざして「大学院修士レベル」をわが国の教師の標準とすることを「共通」の枠組みとして設定した。とりわけ教師の育成においては、すでに養成期間を6年間に設定している医学や薬学分野のような単一のモデルによる養成ではなく、質と量の両面から、より多様性を保証する制度を構築する必要があるため、その多様性を保証できる具体的なモデルをあらかじめ検討しておく必要があると考えた。

　我々はグランドデザインにおいて教師を自ら学び考える「自律的でクリエイティブな高度専門職」と位置づけた。また、大学において育成されるべき教師の力量についても、市民的教養、教育学的教養、教科の教養を挙げ、それらは「探究的・研究的な学び」を通して培われるとし、その学びが将来の教師としてどのような役割を果たすか、その必要性についても検討してきた。さらに、「修士レベル」に延長された制度的枠組みの中では、教師の力量の内実やその形成プロセスは多様であるべきであり、教師教育や教師の専門性の幅を広げることができる制度設計が必要だと考えた。

　以上を踏まえ、以下ではグランドデザインをより具体化した制度設計（モデル化）について提案する。

2.「モデル化」にあたっての基本原則

　我々は、グランドデザインのモデル化を検討するにあたって、以下のような

原則を立てた。

・「学びと成長の専門家」、「自ら学び考える教師」を育成するためのモデルと
　それを実現するための制度について考えること。

・長い教職生活のスパンの中で、ライフステージに応じて、教師や教師志願者
　が、学びたい時に、学びたい内容を学べるような制度を構想すること。

・教師が専門職として成長していくためには、学部段階の養成のみでは不十分
　であり、また、学校現場での実践と研修のみでは限界があるため、大学院で
　の学び直しが重要かつ必要であるという共通認識の下で制度化を検討するこ
　と。同時に、大学院での学びの多様性を保証すること。

・教師の質の向上と量的確保の両方を実現できるような「多様性」を重視した
　入職ルートと専門性の考え方の下にモデル化を検討すること。

II. 標準免許状と基礎免許状について

　現行の「専修免許状」は「標準免許状」に、現行の「一種免許状」は「基礎
免許状」に移行する。それぞれに該当するカリキュラム、対象者及びその取得
プロセスの概要を図1に示す。

・基礎免許状をアップグレードした上級の免許状として標準免許状を位置づけ
　る。カリキュラム編成の基本的な考え方についてはⅢ、Ⅳにて後述する。

・標準免許状、基礎免許状はそれぞれ修士課程、学士課程に在籍して取得する
　ことを原則とするが、これらの課程に在籍しなくても教職特別課程（後述：
　Ⅲ3、Ⅳ5）に籍を置いて科目等履修などの仕組みを併用することによって標
　準免許状、基礎免許状を取得できることとする。

・基礎免許状を取得した人が教職経験を経て、あるいは教職経験を経ずに修士
　課程あるいは教職特別課程（修士レベル）に在籍して、標準免許状を取得す
　る。

・修士課程の典型的なモデルとしては「タイプⅠ・教育臨床深化型」、「タイプ
　Ⅱ・教育学的教養深化型」、「タイプⅢ・教科の教養深化型」の三種類（後
　述：Ⅳ3）が想定できるが、具体的なカリキュラムについては、各大学が主

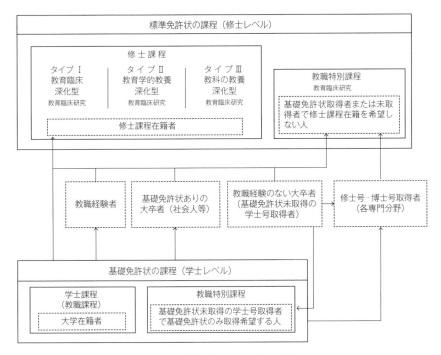

図 1　標準免許状と基礎免許状

体的な判断によって編成する。ただし、いずれの場合も共通のカリキュラム
として「教育臨床研究」（後述：Ⅳ 4）を含むこととする。

・基礎免許状を持たない大卒者（教職以外の職に就いている社会人など）の教職
志望者を対象とする免許取得ルートを積極的に設ける。具体的には以下の通
りである。①教職志望の「基礎免許状未取得の学士号取得者」に対して修士
課程、教職特別課程（学士レベル）、教職特別課程（修士レベル）に入学する
ルートを設ける。②教職志望の基礎免許状未取得者のうち、各専門分野にお
ける修士号あるいは博士号取得者に対して、教職特別課程（修士レベル）に
入学するルートを設ける。

III. 基礎免許状と学士レベルの学びについて

1. 「基礎免許状」を取得する意義

　教師の養成は、狭義の「教職課程」のみならず、大学教育全体で行われるよう計画されるものである。

・このうち、学士課程（大学4年間）で教師としての基礎的・基本的な養成教育を修了することをもって取得できる免許状を「基礎免許状」とする。

・この「基礎免許状」は、教師として入職する際の最低要件（ボトムライン）を大学（学士課程）レベルで担保するものであり、公教育の担い手が多様にあり得る中での共通の質保証としての意義を持つ。

2. 二つの参照基準：「エッセンシャル・カリキュラム」

　上述の「基礎免許状」取得に至るカリキュラムを具体化すべく、以下、参照基準としての二つの「エッセンシャル・カリキュラム」、すなわち「教職課程エッセンシャル・カリキュラム」（いわゆる「教職課程」について）と「教師教育エッセンシャル・カリキュラム」（大学（学士課程）全体について）を示す。

　これら「エッセンシャル・カリキュラム」は、日本学術会議の「参照基準」と同様に各大学が主体的にカリキュラムを編成する際の参照基準であり、国からの委託を受けて 関連する学術団体が共同で作成するものとする。「教職課程エッセンシャル・カリキュラム」は教育諸科学を幅広く視野に入れる必要があり、教育関連学会連絡協議会等に作成を委託することが適切である。作成にあたっては、教育現場や行政からのヒアリングを行うことも必要である。他方、「教師教育エッセンシャル・カリキュラム」は、教育学関連の学問以外の、幅広い諸科学を視野に入れる必要があるため、作成は、日本学術会議に委託することが適切と考えられる。

・各大学は、教育学的教養と教科の教養を中心とした教職課程について、「教職課程エッセンシャル・カリキュラム」を参考にして、主体的に決めることができる。内容としては、a.教育現場の喫緊の課題のみならず、b.将来の課

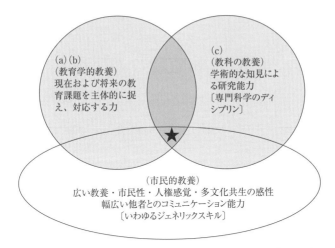

図 2　二つのエッセンシャル・カリキュラムの構成要素の概念図

題に応える視野をもって教育現場の課題に向き合える力量、c.学術的な知見に
よる研究能力を育むもので構成されるが、特に、b と c を基本的な内容と
する。

・各大学は、「教育学的教養」「教科の教養」のみならず、「市民的教養」を含
めた大学全体の教師教育カリキュラムについて、「教師教育エッセンシャ
ル・カリキュラム」（図2）を参照しながら、主体的に決めることができる。

・「教師教育エッセンシャル・カリキュラム」において重要なことは、「教育学
的教養」「教科の教養」「市民的教養」の三者をそれぞれ独立したものとして
構成するのではなく、学士課程全体の中で相互が有機的に関連付いている点
である。このことが大学における教師教育カリキュラムの核となるからであ
る（図2の★部分）。

・教育実習は、教職への導入プロセスの一部として重要な役割を果たすもので
あるが、単に教育現場の課題への適応能力の向上だけに限定することなく、
フィールド研究の一環として、また授業研究の基礎としてカリキュラムの中
に位置づけることにより、大学における教師教育カリキュラムの核となりう

る。

・「開放制」原則のもと、各大学がそれぞれの主体性において教師教育カリ
キュラムを編成・運用する多様性は、日本の教師教育の優れた持ち味として
今後も維持されるべきである。ただし、それぞれの大学の組織の類型により、
例えば以下のような点に留意することが必要である。

教員養成系単科大学：「市民的教養」の確保（教職に方向づけない教養教育）。

　総合大学の中の教員養成課程：「市民的教養」と「教育学的教養」「教科の
教養」の関連。

大規模一般大学・学部で学部横断的な教職課程センター的組織を持つ場合：
「教育学的教養」と「教科の教養」が別組織で担われることへの注意。

小規模単科大学で特定分野の教員養成に特化した場合：「教育学的教養」が
特定の分野の教育に偏しないような配慮。

3. 学士レベルの「教職特別課程」

　基礎免許状を持っていない教職志望の大卒者のうち、標準免許状の早期取得
を希望しない人を対象とする課程。修士レベルの標準免許状の取得を目的とし
た後述の「教職特別課程（修士レベル）」とは異なり、短期間で免許状を取得す
ることを通して教職への早期就職を優先するニーズに対応するため、基礎免許
状の取得のみを目的とする。高等教育を受けた多様な専門的背景を持つ多くの
人材を教職に迎えるための重要なルートとして位置づける。

・学士号を取得済のため、大学4年間で身につけるべき力量のうち、市民的教
養と教科の教養についてはすでに修得していると捉え、あらためて、「教職
課程カリキュラム（教育学的教養を含む）」をフルタイム（原則として1年間）
で履修する課程。

・社会人が働きながら基礎免許状を取得することを促すため、現行の履修形態
であるフルタイムに加えて、パートタイム、夜間、オンライン等の履修形態
も認める。また、履修者のニーズに応じるため履修年限についても柔軟に運
用できるような仕組みを整える。

IV. 標準免許状と大学院修士レベルでの学びについて

1.「標準免許状」を取得する意義：教職経験を持つ人の場合

　学部段階での学び（基礎免許状）は、教師としての基礎・基本を学ぶことが中心となるが、より高度な教師としての専門性を身につけるためには、大学院での学びが求められる。

・学部段階での教育実習や入職直後の教育実践は、学校現場への導入プロセスであり、子どもや他の教師とのかかわりの中で、教師として自らの教育実践を形作っていく時期でもある。しかし、専門家としての教師となるためには、一定程度の教職経験を経た後に、自らの教育実践を省察することが必要となる。さらに、多様に発現する教育課題を構造的に把握し、解決に導く能力を獲得することが求められる。

・そのためには、いったん学校現場から離れて、あるいは、学校現場で働きながら、自らの実践を教育学的に、あるいは教科の論理から分析し、教育に関する根本的な問いについて学術的に探究することが必要である。

・以上の理由から、高度な専門家として教師を育てるためには、現場経験や研修等だけでは不十分であり、大学院での学び直しによる「知のアップデート」が必要であろう。したがって、大学院修士修了レベルに達した教師に対して、その証として標準免許状を発行することにしたい。

・大学院での学びは、標準免許状を取得した後も、継続的に行われることが望ましい。

2.「標準免許状」を取得する意義：教職経験を持たない人の場合

　他方、我々は、教職へのルートの多様化を実現するために、「教職経験を持たない」教師志願者にも、標準免許状を取得するルートを考えている。それは、①基礎免許状を取得した直後に大学院に進学するストレートマスター、②基礎免許状を取得した後に教職以外の一般企業等に就職した者、③基礎免許状を取得せずに一般企業等に就職した者、④学部で基礎免許状を取得せず、各専門的

な学問分野で修士号・博士号を取得した者である。

・こうした教職経験を持たない人にとって、大学院での学びは、異なる意味を持っている。まず、上記①②③にとって、大学院での学びは、学部段階の基礎免許課程では十分に身につけることができなかった高度な専門性（教育学的教養・教科の教養）を学問的により深めると同時に、学部段階の教育実習では十分にできなかった教育実践の分析と研究を行うこともできる。④にとっては、専門的学問の修士課程や博士課程で身に付けた高度な専門性をベースに、大学院レベルの教職特別課程において教育学的教養を身に付け、教育実践の分析や研究を行うことができる。

・標準免許状取得に至るこのような多様なルートは、教師に求められる高度な専門性の確保と、教師の多様な専門性及び量的確保の必要性に対応したものである。

3. 三つのタイプの大学院修士課程

　以上のような目的を達成するために、我々は大きく三つのタイプの大学院（修士レベル）を構想した。

　　タイプⅠ：「教育臨床深化型」（現在の多くの教職大学院と類似。実践的研究中心）
　　タイプⅡ：「教育学的教養深化型」（教育学的教養に関する学術的研究中心）
　　タイプⅢ：「教科の教養深化型」（多様な教科・学問分野に関する学術的研究中心）

・三つのタイプは、いずれも「教育臨床研究」（後述）をベースに置くが、それを踏まえて「教育臨床」「教育学」「教科専門科学」の三つの要素のどれに重点を置くかという点で異なる。すなわち、タイプⅠは教育実践に根ざした臨床的研究に重点を置くカリキュラム、タイプⅡは教育学の学術的研究に重点を置くカリキュラム、タイプⅢは教科内容の基盤を成す専門科学に重点を置くカリキュラムである。

・教師としての現職経験を持つ人、持たない人（いわゆるストレートマスター、

及び基礎免許状を取得し学校以外の一般企業等に就職した人など）はいずれもこの三つのタイプのいずれかの大学院で所定のプログラムを修了することで標準免許状を取得できる。

・タイプⅠの学習にもタイプⅡやⅢの要素が入ることはあるが、Ⅱ・Ⅲは基本的に教育理論や教科専門の理論に基づいて学術的な知見を深めることを通して、高度専門職としての力量を高めることをねらいとしている。また、現職教師及び教師志願者のニーズと多様性を尊重し、それぞれの専門性を高めることによって、「教師教育の高度化」と「教職の魅力の増加」を図ることをねらいとしている。

・この三つのタイプのいずれかを選ぶかは、あくまでも学ぶ人（学生または現職教師、社会人等）自身のニーズと選択によるべきものであり、彼らの多様性と自主性を尊重することが、学校現場の教師の学びへの意欲と内実を保証することになる。

4．教育臨床研究：多様性の中の「共通性」

　学部段階における教職への導入プロセスとしての「実習」を踏まえ、大学院レベルにおいてはそれぞれに発展的な「教育臨床研究」をいずれのタイプでも共通に行い、これを標準免許状の「共通性」を示すものとしてカリキュラムの基層に位置づける。

・「教育臨床研究」は、「教育実践を意識した教育学的知識または教科知識の再構成」を目的とした臨床研究で、教育学を基盤とした個人的・協働的な省察と研究を行うものである。ここでいう「臨床」とは、広義には「現場に根ざす」こと、狭義には「問題解決に資する」ことを意味する。

・タイプⅠの大学院カリキュラムは、性格上、「教育臨床研究」を行うことを主たる目的として開設されるものであり、教育現場での教育実践を理論的に深く研究することが目的となる。共通の「教育臨床研究」をベースに、広義から狭義までの幅広い「臨床研究」を行うものである。タイプⅡとタイプⅢにおいても、それぞれの学術的研究の基盤に「教育臨床研究」を置くことで

広義の「現場に根ざした」学術的研究を行うカリキュラム編成となる。ここでいう「現場」とは学校現場に限らず、社会教育等も含めた幅広い教育実践の場を含む。

・「教育臨床研究」は、学内に教育学研究科がある大学では教育学研究科が全学に提供し、無い場合は、教職課程センター等に新たに設置される大学院レベルの科目として提供する。

・「教育臨床研究」を必修とすることにより、標準免許状が、従来の教職大学院での学びと専修免許状の学びの両方をカバーする、大学院レベルの新しい免許状となる。

5. 修士レベルの「教職特別課程」

　大卒者が標準免許状を取得することを促すため、「教職特別課程（修士レベル）」を新設する。フルタイムに加えて、パートタイム、夜間、オンライン等の履修形態を認めるとともに、履修者のニーズに応じるため履修年限についても柔軟に運用できるような仕組みを整える。主に以下の2つのタイプが想定される。

①学部で基礎免許状を取得したが、教職に就いた経験のない大卒者を対象に、標準免許状を提供する課程。フルタイム（1年間）を原則として、タイプⅠ、タイプⅡ、タイプⅢの大学院修士レベルカリキュラムのいずれかを必要に応じて履修する。また、「教育臨床研究」を必修とする。

②学部で基礎免許状を取得せず、各専門分野の大学院で修士学位、博士学位を取得して一般企業や研究所、大学院に所属している人等が標準免許状を取得できる課程。修士レベルの専門課程をすでに終えているため、「教職特別課程（修士レベル）」に在籍して、そこに開設されている「教育臨床研究」を履修すると同時に、「基礎免許状」に相当するカリキュラムを科目等履修などの仕組みによって履修することにより「標準免許状」が取得できる。

6.　標準免許状と学位

　本モデル化においては、大学院修士レベルでの学びを基に標準免許状を取得するパターンを構想した。そこでは、基本的に、修士レベルの学位の取得を前提としている。これは、大学院での学びが、高度専門職としての教師にとって必要不可欠であると同時に、その結果として授与される上級レベルの標準免許状と修士レベルの学位が、教職の社会的ステイタスを向上させることができるとの観点から構想されたものである。

　しかし、「多様性」を追求する我々の方針の下では、この点についても、履修者の多様性や希望に対応できるよう、オルタナティブな在り方を示すことも必要と考えた。すなわち、「標準免許状と学位の関係」について、以下の三つのいずれのケースでも可能とする。

①原則として、2年間の大学院の学びによる学位取得と標準免許状取得のための学びをワンセットで取得できる課程。

②必ずしも大学院の学位を必要とせず、標準免許状取得に必要な単位・科目を満たせば標準免許状が取得できる課程。

③同じ大学院において、上記二つをそれぞれのコースとして開講し、受験生の希望と動機に対応して柔軟に選べる課程。

7.　標準免許状の取得を促す方策

　「グランドデザイン」では、修士レベルの免許状取得を「自ら学び考える教師」の標準的な在り方としているが、それは教師や教師志願者の自発的な学びの要求を大学院レベルにおいて実現することにほかならない。そのような高度専門職としての学びへのモチベーションは十分に尊重され、また助長されなくてはならず、そのことが、教職の魅力をより一層増加させることにつながると確信する。

　それゆえ、修士レベルの標準免許状の提案に従い、国（文部科学省）の責任において、以下の案件を速やかに実現できるよう、予算措置と自治体への助言が行われる必要がある。

①標準免許状取得のための大学院進学者への奨学金制度の充実及び給付奨学金
　制度の新設

②現職教員に対するサバティカル・リーブ制度の充実

③学部生に対する大学院レベルの教職科目の先取り履修制度の充実

④教員研修の一部としての大学院科目の活用推進

⑤標準免許状を管理職の基礎資格とする任用条件の新設

第 1 部

これからの教師像

・第1章
「高度専門職」としての教師
──その特質と内実──

• 牛渡　淳

はじめに

　本章では、日本教師教育学会によるこれからの「教師教育のグランドデザイン」において示された教師像について改めて確認するとともに、その教師像を支える理論と背景についてより詳しく述べてみたい。そこで、まず、第1節では民主主義社会における公教育の目的との関連から、第2節では高度専門職としての教師の姿から、そして、第3節では、大学における教師教育の課題という視点から述べていきたい。

第1節　民主主義社会における公教育の目的と教師の役割

　教師の姿と役割を考える場合、まずは、公教育の役割との関連で考える必要があろう。大桃が指摘するように、公教育の概念は多様であり、現在、その概念自体が揺らいでいるが、少なくとも、現在の民主主義社会における公教育の役割については、教師像との関連において主に三つの視点から考えることができる。

　第一に、「文化・学問の伝達と発展」という視点である。人類が生み出してきた多くの優れた文化や学問、技術等の継承と発展は、公教育に求められる役割の重要な一つであろう。こうした役割は、特に、学校等における教科の教養を通じて子どもたちに受け継がれ、それをもとに新しい時代の社会と文化・学問・テクノロジーの発展につながる。そのためには、子どもたちを、学問・文化の創造者として育成していくことが求められる。教育の専門家として求められる教師の力量の重要な側面の一つが、「教科の教養」等を通した、文化・学

間の「媒介者」としての力、さらには、将来の文化・学問の「創造者の育成者」としての力が求められるのである。したがって、教師には、教える教科の背景となっている最先端の芸術や学問に精通し、その深い理解と洞察力が求められるが、同時に、それを、単に伝達するのではなく、子どもが、創造的で批判的な思考による「探究的な思考」および「協同的な思考」によって学べるような知識と指導力が必要とされる。[2]

　第二に「人間」の育成という視点である。日本国憲法第 26 条は、すべての人間が人間らしく成長・発達するための「教育を受ける権利」を定めている。その教育をすべての子どもたちに等しく保障することが公教育の狙いの一つであり、その直接的な担い手が教師である。そのためには、子どもの成長発達や教育方法等に関する深い専門的知識や人間対象の仕事に必要なケアの力量等が、そして、何よりも、「人間とは何か」を探究する「人間探究者」としての姿勢が求められる。[3]この点に関して、近年、UNESCO も、2015 年の専門家会議のレポート『Rethinking Education』において、21 世紀の教育が本質的に目指すところは、「人間主体の尊厳や能力、福祉の充実と向上」にあり、この願いを「人間主義」と呼ぶこと、そして、これからの教師は、この「人間主義的アプローチをグローバルな学習環境の変化に応答する指針とすることによって、万人の持続可能な発展に貢献する学びを具体化する中心的役割を引き続き担う」[4]としている。「グランドデザイン」において示された「教育学的教養」は、これからの公教育の担い手として、こうした人間主義に立つ教師に求められる力量の核心として位置づけられるであろう。

　第三に、民主主義社会の市民の育成という視点である。ジョン・デューイが指摘するように、民主主義社会は、それにふさわしい教育を受けた市民によって支えられていることは言うまでもない。[5]民主主義社会における公教育の目的の一つは、こうした民主主義社会を担う市民の育成である。「グランドデザイン」の中で示した教師に求められる力量の一つとして「市民的教養」が挙げられているのはこのためである。特に、教師の市民的教養を考える際に重要なことは、将来の市民を育てる教師自身が市民であることである。人間としての権

利擁護や差別の撤廃、社会的公正の実現に敏感な民主主義社会の市民を育成するためには、教師自身がこのような感覚や意識、知識を十分持たなければならないだろう。このことに注目すれば、市民的教養は二重の意味で教師に求められる力量である。

　以上のように、社会と人間の育成においてきわめて重要な公教育の目的を考えるならば、教師の仕事は教師個人の利益のためというよりも、より公的な、公共的な使命を持つ、きわめて重要な役割を担った専門職でなければならないことがわかる。そして、公教育をより高度化するためには、すなわち、学問・文化のより一層の発展と、人間らしい人間の育成の充実、そして、民主主義のさらなる発展を促すためには、当然のことながら、教師の仕事の「高度化」が求められるし、それは、教師という仕事を、「高度専門職」として位置づけることが必要な理由となる。

第2節　高度専門職としての教師の四つの側面

　「高度専門職」として教師を位置づけた場合、その内実は、以下の四つの側面から考えることができる。

　第一に、「優れた教育実践家」としての教師である。教育現場で子どもたちと向かい合う高度専門職としての教師には、教育実践において専門家として高度な力量が求められるのは当然であろう。多数の子どもを対象としながら、子ども一人ひとりの理解と支援および集団的な理解と支援を同時に行う教師の仕事は、きわめて複雑な仕事であり、高度な知識と技術が求められる。そのためには、例えば、子どもの視点から捉えた教育内容の理解、子どもの発達と心理についての深い理解、子どものケアと支援についての深い理解と技術、豊かな感性、教育学的思考と探究方法等の高度化、実践知と形式知の統合、同僚性等が求められる。近年は、特別な配慮を必要とする子どもや不登校の子どもたちが増えており、こうした子どもたちへの対応力も必須のものとして求められている。

　第二に、「優れた研究者としての教師」である。高度専門職としての教師は、教育実践家であると同時に優れた「研究者」として位置づけられなければならない。「研修」という言葉は、研究と修養を縮めたものであり、本来、教師にとって「研究」することは教育実践と不可分のものである。優れた教育実践は、ただ毎日の実践の積み重ねだけでは実現できない。まずは、教育実践の研究者（practical researcher）として、自らの実践を振り返り、あるいは、同僚教員の教育実践から学び、互いに研究し合うことが、高度専門職としての教師の研究・研修の中核になければならない。わが国で広く行われ、国際的にも広がりを見せている授業研究（Lesson Study）は、その代表的なものといえる。さらには、大学院等で、学校における実践的研究や学校で教える内容の背景にある諸学問をより深く探究することで、教育実践とその研究の高度化を図ることができる。こうした研究力を身に付けるためには、真理の探究を目指して、創造性、論理的思考力、問題解決力、コミュニケーション力等の諸能力を身に付けることが求められる。大学や大学院における学びは、こうした研究能力を持って、教師としての生涯にわたる研究を続けていくための基礎的な学びを提供するのである。

　第三に、「高度な教養を身に付けた者としての教師」である。「公教育の目的」でも示したように、民主主義社会の実現は、民主主義を担う市民の育成にかかっている。特に、民主主義の価値である「社会的公正」や「共通善」の追求等により、民主主義社会を支え、強化していくことが公教育および教師には求められている。そして、マーサ・C・ヌスバウムも指摘しているように、民主主義社会のための民主的市民の教育を最もよく担っているものの一つが大学における教養教育である。これに関連して、2020 年 8 月、日本学術会議は学士課程教育における「教育学分野の参照基準」を発表した。この中では、「市民性」について、「民主主義社会を形成する市民の政治的教養、および、自らの専門性や職業以外の分野の公共的課題に対しても判断できるアマチュアとしての資質」と定義している。そのうえで、大学にける教員養成は、その根底に教育学を前提とすべきであると提案したが、その際、「市民性の涵養」が教育学

と教養教育に共通した特徴であることを指摘し、「市民性の涵養」を大学にお
ける教員養成の重要な部分として構成すべきであることを指摘している。これ
は、大学教育における各分野の専門教育とは別に、教養教育がすべての学生に
求められるものであること、さらには、教師教育に関しては、専門教育の根底
にある教育学という専門科目が、教養教育と共通した内容を含んでいることを
示している。このように考えた場合、大学における教師教育は、幅広い教養教
育と、それを一部に含む教育学という学問を基礎として、多様な専門教育科目
を履修するという、他の専門職養成とは異なる様相を呈している。教師養成が、
他の専門職のように、単一の形態による目的養成で行われているのとは異なり、
開放制も含めたきわめて多様な形態で実施されているのはこのような理由によ
る。⁽⁸⁾

　第四に、「成人学習者（Adult Learner）としての教師」である。大学の学部で
の教師養成は、あくまでも教師としての基礎的な学びであり、教師としての真
の成長は、教師として教育現場に勤めた後に起こる。すなわち、教師は、教育
現場での教育実践から、あるいは、それと並行して行われるさまざまな機会
（大学院等）を通して、高度専門職にふさわしい高度な専門性と力量を身に付け
ていくのである。そのために、「自ら学び考える教師」として、個人としての
学びと同僚からの学び、実践からの学びと大学院での学び、専門家としての学
びと市民としての学びを統合させながら、自ら教師としての力量を発展させて
いくことが求められる。正に、高度専門職としての教師は、教師生涯を通じて
「自ら学び考える教師」として学び続けることでその内実を担保されているの
である。

　さらに、高度専門職としての教師は、豊富な教職経験、そして、多様な問題
関心や専門性および学習へのモチベーションを持つ「成人学習者」であり、教
師の学びは、成人学習者としてのこのような特徴を生かした学びでなければな
らない。例えば、「学び直しとして」の大学院での学びも、基本的には、成人
学習者としての教師のこのような特徴を生かして、教師自身が学びの内容を決
定できる、教師の自主性を尊重した制度を確立する必要がある。さらには、そ

の豊富な教職経験や社会経験を「学習リソースとして生かす」ような教授方法、例えば、同じ入学年度の学生が 2 年間の学習を一緒に行う「コーホート」に基づく授業形態や問題解決的手法による学習形態が、大学院等における成人学習者としての教師の学びの基本的な形態として採用される必要があろう[9]。

第 3 節　大学における高度専門職としての教師養成の課題

　第一に、「量と質の問題」である。教師の養成は、医師や薬剤師といった高度専門職とは異なり、その専門性の多様さにおいても、また、養成すべき教師の量の多さから見ても、異なる形態によって養成が行われることが必要である。令和 2 年度の医師の数は、33 万 9,623 人、歯科医師の数は、10 万 7,443 人、薬剤師の数は、32 万 1,982 人である。これに対して、令和 2 年度の教師の数（本務者と兼務者の合計）は、幼稚園、認定こども園、小・中・義務教育・中等教育・高校を合わせると、132 万 6,209 人となっており、圧倒的に教師の数が多いことがわかる。また、必要とされる免許状は、学校段階別に分かれ、さらには、中学校、義務教育学校、中等教育学校、高校では、教科別の免許状が必要とされる[10]。憲法で求められているすべての子どもの教育の権利を保障するためには、全国に必要な学校が設置されなければならず、そこには、必ず教師が配置されているわけである。そして、その専門性も、きめ細かに、多様な免許状によって保障されている。他専門職とこうした教師の数や免許状のあり方を比べてみた場合、教師養成が、他専門職と同じシステム、特に、目的養成のみで行われることは不可能に近いことがわかる。そのため、目的養成と開放制を合わせた現在の多様な教師養成システムが形成されてきた。佐藤学は、こうした我が国の教師教育の「多元的なシステム」の効用を生かしつつ、新たな「専門性基準」の作成が必要であると述べているが、この「専門性基準」においても「多様性は尊重されるべきである」と指摘している[11]。こうした「専門性基準」は、文部科学省が作成した拘束力の強い現行の「教職課程コアカリキュラム」とは異なる性質の「共通性」の必要性を訴えたものであるが、日本教師教育学

会による教師教育の「グランドデザイン」において提唱されている「教師教育
エッセンシャル・カリキュラム」も、こうした教師教育の「多様性」と「共通
性」を真に両立させようとする新たな試みといえる。

　他方、近年の深刻な教員不足は、その背景として、困難化する教師の仕事や
長時間労働による教師の魅力の低下、それに伴う若者の教職離れがあると指摘
されているが、他方で、規制緩和により、教育委員会が教員の採用を正規教員
ではなく、臨時的任用教員や非常勤教員に振り分けていったため、採用倍率の
低下とともに、臨時や非常勤が不足し、それが教員不足の大きな原因になって
いるとも指摘されている。(12) こうした教育委員会の採用人事の問題とともに、根
本的には、正規教員の数を増やす教職員定数の改善がまず行われる必要があり、
さらには、教員の働き方改革による長時間労働という労働環境の改善も求めら
れる。国や教育委員会による定数の改善と労働環境の改善は、教師の学び直し
や研究活動を促し、高度専門職としての教職の質の改善を行うために、その前
提として不可避の問題として考えるべきであろう。こうした前提条件の解決を
図りながら、教職の困難さや新たな課題に対応する学問的基盤を教師に提供し
教師教育の高度化を図るために、多様な大学院レベルの学びの場を提供するこ
とが求められる。

　第二に、理論と実践の問題である。高度専門職の育成には、理論と実践の両
方が重要であることは論を俟たない。しかし、大学における教員養成において
は、児童生徒がいない大学での実践力の強化には限界があり、また、大学教育
カリキュラムの過密や多様な養成システムにより一律の「教育実習期間（学部
段階）」の大幅な延長も難しく、さらに、すでに述べたような教師に求められ
る専門性の幅の広さから、実践的力量の本格的な育成は、教師として就職した
後の学びを通して継続的に育成されるべきものと考えられる。すなわち、「高
度専門職としての教師」という姿は、教職キャリアを積みながら段階的に育成
されていくものと捉えるべきである。したがって、学部卒業段階での新任教師
に高度な実践力＝「即戦力を持った教師」という教師像を求めることについて
は慎重に考える必要があろう。そこで、「グランドデザイン」では、この問題

に対応するために以下の二つの対応策を考えた。

　一つは、教師としての育成の基本的射程を大学院修士レベルに設定し、学部段階では大学にしかできない教育を、そして、将来のために大学でこそ行うべき基礎的な教育に力を入れ、教師として就職した後に、学び直しの場としての大学院を提供し、自らの教育実践や経験を理論との統合や理論からの位置づけ直し等を行うことで、専門性を高度化することである。他方、教師へのルートの多様化を図るために、ストレートマスターによる大学院での学びの場も提供し、学部段階ではできなかった臨床的研究を大学院で行うことにより、高度な実践的力量をより深めることができる研究の場とするよう構想した。さらに、一度社会に出て教職とは異なる経験を持つ社会人に対しても、入職するためには、特別免許状という手段ではなく、その背景を生かしながら、学部や大学院で、教育の理論と実践に関わる臨床的な研究を求めることとした。

　もう一つは、教職への「導入プロセス」の再編である。真の意味での実践的な力量は、毎日の教育実践の中から身に付いていくものであり、現在のような、教師として就職したその日からベテラン教師と同じ仕事を任される新任教師の職務負担の問題を考え直す必要があろう。いかなる仕事においても、新任に即ベテランと同様の仕事を任せることはありえない。新任教師の職務の負担を軽減しながら、漸次新任教師を育てていけるような「導入プロセス」を構想すべきである。すなわち、部活顧問や担任業務の減免など、初任者の業務や責任の分担・軽減を図り、採用後の「導入プロセス」である初任者研修については、ルートの多様性に即した柔軟なあり方がこれまで以上に求められるし、正規・非正規を問わず初任期のすべての教師が支援を受けられるような制度設計が必要である。

　第三に、「教師の自主性・自律性と創造性」の問題である。われわれは、教職を「自律的でクリエイティブな高度専門職」と位置づけた。すなわち、教師の仕事は、一律に答えの出ない教育活動の中で、教育学的教養を根底に置きながら、多様な子どもたちや状況の中で、さまざまな取り組みや試行を行いながら、日々の実践を行っていくものであり、特定の技術の適応やマニュアルに従

うだけの教育ではなく、子どもたちの顔を見ながら、「状況との対話」を通じて省察し、ケースバイケースの取り組みを考え行っていくことができる「反省的実践家」として教師を考えなければならない。⁽¹³⁾したがって、こうした特徴を持つ教師という仕事は、本来、裁量の余地の大きいきわめて「創造的」な仕事であり、そのことは、教師自身が自律的で創造的でなければできないことである。そして、そこにこそ、教師という仕事の魅力が潜んでいるのである。若者の教職離れが大きな社会問題となっている今こそ、教師の仕事が、子どもたち一人ひとりの人間的成長を支える喜びと責任感を伴った高度専門職であり、それは、「自主性・自律性」と「探究的かつ創造的」な魅力あふれた仕事であることを、大学における教師教育の場で確認し、強調する必要があろう。同時に、こうした「自主性・自律性」と「探究的かつ創造的」な教師の仕事を可能にし保障する制度・政策が不可欠である。すでに述べたような、教職員定数の改善や働き方改革はもちろんのこと、久保富三夫が指摘するような、教師の学びの自主性・自律性を保障するための研修政策の見直し（教特法研修条項の再生等）も必要であろう。⁽¹⁴⁾

注

(1) 大桃敏行「日本型公教育の再検討の課題」大桃敏行・背戸博史編『日本型公教育の再検討──自由、保障、責任から考える』岩波書店、2020年、1-12ページ。

(2) 佐藤学『専門家として教師を育てる──教師教育改革のグランドデザイン』岩波書店、2015年、66-67ページ。

(3) 牛渡淳『改訂　教育学原論』中央法規、2008年、37-47ページ。

(4) 日本教師教育学会第10期国際研究交流部・百合田真樹人・矢野博之編訳『ユネスコ・教育を再考する──グローバル時代の参照軸』学文社、2022年、33-34ページ。

(5) 上野正道『ジョン・デューイ──民主主義と教育の哲学』岩波新書、2022年、66-111ページ。

(6) 浅井幸子「中教審議とその問題点──学校における教師の学びの観点から」日本教師教育学会編『「令和の日本型」教育と教師──新たな教師の学びを考える』学文社、2023年、14-30ページ。

(7) マーサ・C・ヌスバウム『経済成長がすべてか？──デモクラシーが人文学を必要

とする理由』岩波書店、2013 年、158-182 ページ。

(8) 牛渡淳「日本学術会議『教育学分野の参照基準』と教師教育」牛渡淳・牛渡亮『教師教育におけるスタンダード政策の再検討——社会的公正、多様性、自主性の視点から』東信堂、2022 年、131-138 ページ。

(9) 牛渡淳「教員養成『高度化』の意義と課題——アメリカとの比較から」三石初雄・川手圭一編『高度実践型の教員養成へ——日本と欧米の教師教育と教職大学院』東京学芸大学出版会、2010 年、14 ページ。

(10) 医師・歯科医師・薬剤師の人数については、厚生労働省の HP より。教師数については、文部科学統計要覧（令和 3 年度）より、幼稚園、認定こども園、小・中・高校の部分を集計した数。

(11) 佐藤学、前掲書、184-187 ページ。

(12) 氏岡真弓『先生が足りない』岩波書店、2023 年、126-128 ページ。

(13) 佐藤学「学びの専門家としての教師」佐藤学他編『（岩波講座）教育　変革への展望 4　学びの専門家としての教師』岩波書店、2016 年、5 ページ。

(14) 久保富三夫「『審議まとめ』等にみる『新たな教師の学びの姿』について考えること——教特法研修条項再生の視点から」日本教師教育学会、前掲書、47-64 ページ。

第2章
教師の専門的能力とその形成
──心理学の観点から──

● 佐藤雄一郎・鹿毛雅治

　教師教育について論じる際、教師の「力量」や「資質・能力」といった語が頻繁に用いられる。それは教師の仕事を遂行するにあたって必要とされる教師の専門的な「力」を意味しており、その育成が教師教育の目指すべき目的と理解されているからだろう。教師のこの「力」について、例えば、「彼（女）は力のある先生だ」と評されることがあるが、それは得てして印象の感覚的な表現にすぎず、「教師として力がある」とはいかなる意味なのかというわれわれの理解はきわめて曖昧だと思われる。

　実のところ、教師教育研究の分野においても、教師の「力」（「力量」「資質・能力」など）の含意については必ずしも学術的見地から厳密に論じられているとは言い難い。そこで本章では、この種の「力」について「能力（ability）」という用語によって歴史的に説明してきた心理学に依拠して、教師の専門的能力とは何か、そしてそれはどのように形成されるのかというテーマについて検討してみたい。

第1節　教師の「専門的能力」とは

1.「能力」とは

　そもそも心理学では、能力という用語をどのように説明しているのだろうか。心理学辞典には例えば以下のような定義が記されている。

　「身体的、精神的な遂行を可能にする個人の特性。何かを成し遂げる際に発

揮される個人の力量を一般化して表す語であり、時間的にある程度安定して
いると同時に、向上あるいは低下するという変動的な側面も併せもつ。」[(2)]

　この記述から、能力とは何かを成し遂げる際に発揮される個人の特性を表す
一般的な用語であることがわかる。さらに複数の辞典を概観してまとめると、[(3)]
能力には以下のような特徴があるとされている。

① 種々の状況を通じてある程度一貫してあらわれる一定の行動傾向で、パ
　フォーマンス（遂行）を規定する。
② 個人特性（個人に固有な特性）の一つで、個人差がみられる。
③ 先天的性質（資質）に基づく生得性と、経験を通して形成される獲得性の両
　面があり、獲得性の能力の形成は、生得的な資質に規定される。
④ 現時点での状態（訓練なしに今できる）を意味している。
⑤ 広義にはパーソナリティ（性格）も含む。すなわち、パーソナリティの特定
　の側面が「パフォーマンスの規定因」といえるのであれば能力と解釈でき
　る。

　なお、能力と類似の用語に適性（aptitude）がある。それは所与の条件下での
成果を予測する個人差[(4)]、すなわち、特定の遂行との適合性が想定された能力を[(5)]
指し、「職業適性」といった用語に示されるように、主に特定の職業を想定し
た場合の能力を意味する。[(6)]

2. 教師の専門的能力と状況依存性

　以上を踏まえると、教師の能力とは、上述の一般的性質を備えた個人特性を
意味しているといえるだろう。当然ながら、そこでは教師に特化した職務（児
童生徒の学習と成長の促進、支援）が想定されており、その点にこそ教師の専門
性を問うべきだということがわかる。
　つまり教師の能力とは、生得的な資質を基盤としつつ個別具体的な経験を通

して形成された教師の職務上の専門的なパフォーマンスを可能にする「現時点」での個人特性（適性）であり、時間的に安定して、また状況を超えて一貫して機能する個人差要因だといえるだろう。以下、それを教師の専門的能力と呼び、検討を進めたい。

　ただ、以上に記した安定性、一貫性という性質については十分留意すべきである。すなわち、能力は確かにパフォーマンスを左右するが、その唯一の規定因ではない。一般にパフォーマンスには、場のあり方（環境要因）に強い影響を受けるという状況依存的な性質があり、心理的かつ社会的な現象としてダイナミックに発現、創発される。つまり、個人の能力はいつでもどこでも同じように発揮されるというわけではなく、対人関係（例えば、同僚との信頼関係）や社会的条件（例えば、勤務形態や職務上の役割）などによって、同一人物であってもパフォーマンスのありようは異なってくるのである。

　この点に関連して、石黒広昭は、人間やその活動を捉える基本的な枠組みとして「個体能力主義」が自明視され、「個体の能力をターゲットとして研究を進める」という心理学の姿勢を問題視している。教師に関しても、われわれは暗黙裡に「個体能力主義」の立場にたち、教師の個人内に想定された能力の高低のみが当人の行動を決定すると一義的に理解しがちである。

　まずもって教師の職務上のパフォーマンスは、個人の能力と環境との相互作用によって生じるダイナミズムに基づく複雑な現象であると認識すべきだろう。さらに、以下に記す通り、教師の能力自体が「高低」によってシンプルに示されるような量的特性なのではなく、多様な要素から成る複合的、統合的な性質を持つ質的特性であり、そのために、上記のようなパフォーマンスのダイナミズムが生じているという点にも留意すべきだろう。

3.　専門的能力の質的側面

　では、教師の専門的能力の質的な側面とはいかなるものか。それを理解するためには、能力が複数の要素から構成されているというその構造的な特質にまず着目し、具体的な構成要素が何であり、それらにどのような相互関係がある

かに着目するアプローチが有益だろう。

　この検討にあたっては、獲得性の能力とされる「学力」に関する議論が参考になる。例えば、「学力」について梶田叡一は「氷山モデル」を提案し、見えやすい実体的側面（「知識・理解」「技能」）と見えにくい機能的側面（「関心・意欲・態度」「思考力・判断力・表現力」）に区別した。これに加えて、学習によって獲得される能力の要素を明確化したR・M・ガニエによる分類を参照しつつ、能力について今日的な観点から整理するなら、以下の二側面、五要素から成る心理学的構成概念として理解できるだろう。すなわち、実体的側面（存在の有無を確認することが比較的容易な能力の要素）として、①知識（事実、出来事、概念について知っていること）、②技能（訓練や練習を通して獲得される行動パターン、スキル）、③傾向性（disposition：さまざまな状況において特定の行動パターンを生じさせる安定的で一貫性のある個人の特性、習慣、信念、態度、パーソナリティなど）の三要素、および機能的側面（主にプロセスとして発揮される能力の要素）として、①思考（目標に到達するための精神活動）と、②表現（言語、行動など）の

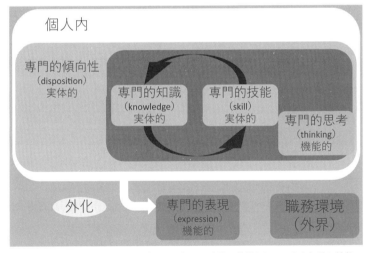

(注)知識と技能は思考の機能を媒介として相互関連的に獲得される。また知識や技能の
　　獲得や思考の機能は傾向性に規定される。

図2.1　教師の専門的能力

二要素である。しかも各要素間相互には有機的な関連があり、全体として統合的に機能する。

　教師の専門的能力にもこの二側面五要素の構造が想定されるが、各要素の内容や要素間の関連性には教師特有の性質があると思われる。各要素の有機的な統合体としての能力が職務環境のあり方に規定されつつ、専門的表現として発揮（外化：実践）されると考えられるのである（図2.1）。

第2節　教師の個人差と教育実践

1.　教師の専門的能力に関する研究の課題

　では、教師の専門的能力は授業実践や子どもの学習といかに関連しているのだろうか。このような教師の能力とパフォーマンスに関してはこれまでも一定の研究が行われてきた。しかし、その研究には領域固有の難しさがあり、国際的にもコンセンサスが得られているとはいえない。その理由は、大きく次の三点にある。

　第一に、能力が影響を与える学習成果の多様性である。例えば、学校教育においては知識・技能の習得といった能力形成だけでなく、豊かな心や創造性の涵養といった人格形成も目標の一つだろう。したがって、教師の専門的能力がもたらす成果として単一の指標を設定することが難しい。

　第二に、授業や児童生徒の学習には教師の専門的能力以外にも複数の要因が関わる点である。例えば、児童生徒の学習には家庭や本人の特性も重要な影響を及ぼすであろうし、授業は教材やカリキュラムにも想定される。したがって、想定する成果が教師の専門的能力の効果によるものであるという因果関係を実証することが難しい。

　第三に、教師の専門的能力は特定のシステムの中で発揮される点である。例えば、わが国では学級という構造や、特定の時間数の定めの中でカリキュラム編成を行い、教職員組織の一員として授業を行う。したがって、教師のパフォーマンスを考えるうえで個人の能力を職務環境と切り分けて考えることが

難しい。

　以上の通り、教師の専門的能力の効果は、何を効果と考えるかという教育に関する価値判断の困難さに加え、多様な要因が相互に関係し合うプロセスであるため、厳密な検証が難しい研究テーマだといえる。それでも、先行研究は教師の個人差が子どもの学力の向上を説明する重要な要因であることを示している[18]。そこで、以下では教師の主な仕事である授業に焦点をあて、専門的能力が発揮される授業中の認知や行動（パフォーマンス）の個人差について先行研究を概観する。

2. 教師の専門的能力と授業実践

　教師の専門的能力は複数の研究領域にまたがるテーマであるが、特に教師の熟練性（teacher expertise）[19]に関する研究が参考になる。この研究群は、専門的能力が高いと想定される教師（expert）と、そうでないと考えられる教師（novice）を比較し、優れた教師の持つ特徴を記述することを目指してきた。また、近年では専門的能力として特定の指標を設定し、パフォーマンス指標との関連を検討する研究もある。例えば、教師の知識を質問紙によって測定し、児童生徒の学力の伸びとの関連を検討する研究である。

　こういった教師の熟練性に関する知見を整理した近年の研究では、その構成要素として教育的行為、知識、認知的プロセス、信念、個人的特性、プロフェッショナリズムを挙げている[20]。これらは先に示した専門的能力の要素である知識、技能、思考、傾向性、およびその表現（実践）を、より教師の職務に対応させた用語だろう。

　本節では、こういった能力が教師の授業実践の側面といかに関連しているのかという視点から、授業を事前の構想、事中の展開、事後の省察という三つの連続的な遂行過程[21]に分けて、それぞれの関連を整理する（図2.2）。教師の専門的能力と遂行は、発揮と形成の双方向の関係を持っていると考えられるが、ここでは教師の専門的能力がいかに授業実践で発揮されているかという点に焦点化し、各過程ごとに先行研究を概観する。

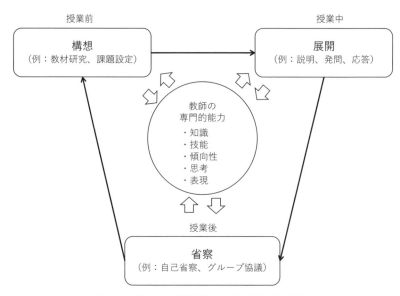

図 2.2　教師の専門的能力と授業実践の関係

　第一に、授業前の構想である。先行研究では、熟練教師と初任教師の授業構想の質の違いが指摘されている。例えば、熟練教師はより精緻な授業計画を、学習者のニーズや長期的な目標などを考慮しながら、迅速かつ効率的に、多くの場合それを文書として記さずに立てられることが示されている。[22] さらに、熟練教師の計画は授業の中で学習者に応じることを前提としており、構造的でありかつ柔軟である。[23] このように、熟練者と初任者は授業を構想するうえでの思考や認知的技能に質的な差があるといえよう。

　この教師の思考や認知的技能は、複数の要因の統合的な働きによって生じていると考えられているが、とりわけ先行研究で重要性が指摘されているのが教師の専門的知識である。教師は学習者についての知識やカリキュラムについての知識などさまざまな領域の知識を保持しているが、なかでも教えることを前提とした教育内容に関する知識（Pedagogical Content Knowledge：PCK）が授業の構想と実行において重要だと指摘されている。[24] PCK の特徴は、内容に関する知識と、教育学的知識の統合性にある。つまり、教師は単に教える内容に精通

しているのではなく、学習者がつまずきやすい箇所の把握や、その克服のための手立てなど、教育実践に即した形で内容に関する知識を有しているのである。このような豊富なPCKは生徒の学力と関連することも近年明らかにされている。⁽²⁵⁾

　第二に、授業中の展開である。基本的に教育方法の効果は文脈や状況に依存するため、万能な教育方法はないだろう。したがって、教師は事前の計画や特定の方法を正確に遂行しているのではなく、時々の目的や学習者に応じて柔軟に指導を展開している。このような学習者に応じた展開の質は、世界中で確認されている熟練教師の特徴の一つである。⁽²⁶⁾それを可能にするのは教師の授業中の専門的思考であろう。⁽²⁷⁾例えば、熟練教師は授業中に何が起こっているかをよく認識し、⁽²⁸⁾教室の出来事を教授・学習の諸側面に照らして豊かに推論し、⁽²⁹⁾潜在的な問題を予測し、授業の混乱を避け、学習者を集中させるための適切な判断を下すことができるとみなされている。⁽³⁰⁾さらに近年では、専門的思考が観察された授業の質や生徒の学力と関連するという報告もなされている。⁽³¹⁾

　このような教師の専門的思考は、PCKに代表される専門的知識や職務意欲をはじめとする専門的傾向性に基礎づけられていると考えられる。⁽³²⁾つまり、熟練教師は学習者や教室の状況に対して高い関心をもち、構造化された知識を用いることで、教室の中で有意味なパターンを素早く認識し、既存の知識と照らして解釈し、意思決定を行う。さらに、この一連の認知プロセスは長期間の実践によって自動化され、瞬時に、無意識的に行われる。この諸要素の統合的な働きとその自動化が熟練教師の柔軟で応答的な展開の質を支えているといえよう。

　第三に、授業後の省察である。その中核は、実践のさまざまな状況を意味づける省察的思考であろう。先行研究では、熟練教師は省察の中で児童生徒の様子により頻繁に言及し、定期的に挑戦的な方法を試し、多くの場合批判的に省察することが報告されている。⁽³³⁾

　この継続的で批判的な教師の省察を支えるのが、教師の態度や個人的特性といった専門的傾向性である。例えば、熟練教師は共通して仕事への高い熱意や、

肯定的な自己認識、粘り強さ、学習者に対する思いやりなどを有していること
が示されている。また、近年では教師の仕事への熱意が生徒の学力に影響を与
えることを示す研究もある。したがって、教師は仕事への熱意をはじめとする
傾向性を基礎に、実践過程で継続的かつ批判的に省察しているのである。

　以上の通り、熟練教師は授業の構想、展開、省察の各段階において、高い動
機づけや学習者への関心を基礎に、文脈や状況に応じた思考を展開し、その職
務に即した技能を豊かに駆使しているといえる。

第3節　教師の「専門的能力」の形成

1. 能力の形成をめぐって

　前節で確認した通り、能力には生得性と獲得性の両面があり、能力形成は生
得的な資質に規定される。一方、学習とは体験を通した知識、技能、態度など
の獲得とその結果としての行動の変容を一般に意味しており、教育を構想する
うえでは、能力形成の生得的な制約性を踏まえつつも、環境のあり方を工夫す
ることによる当人の体験を通した獲得性の能力の形成、すなわち学習を企図す
ることになる。

　とりわけ、教師教育については、教員養成教育を受ける以前までに形成され
た個々の能力を基盤として、教師の職務の前提となる適性を培い（養成段階）、
さらに入職後にも継続的に各人の適性を質的に高めていく（研修段階）という
大まかな道筋を想定できる。その際には、**図2.1** に示した専門的能力の実体的
な要素、すなわち知識、技能、傾向性が形成される心理学的なプロセスはそれ
ぞれ異なっていると同時に、専門的能力は各要素が有機的な関連性をもちなが
ら一つの個性的な統合体として形成されるという点を踏まえて学習環境のあり
方について構想する必要がある。

　特に研修段階においては、教師が具体的な職務を遂行する日常的な経験を通
して専門的能力が形成されることが多くの先行研究によって明らかにされてお
り、論を俟たない。すなわち、教師の専門的能力はよりよい実践に向けた探究

の過程に質の高い省察的思考が関与することを通して、専門的な知識や技能と専門的傾向性（信念、態度など）とが一体的に学習されていく。教師の専門的能力の形成はその発揮と表裏一体のかたちで展開される全人的な成長のプロセスなのである。

2.　教師の力量形成の機会

　先行研究においてもこのような全人的な成長のプロセスが描かれている。例えば、教師の職能開発（teacher professional development）に関する研究によれば、そのプロセスは教師の特性、学校の文脈、制度・文化的な特徴、カリキュラム、コミュニティ、支援プログラムなど多様な要因が、教員養成課程から数十年間に及ぶ実践・研修の中で相互作用する過程であるとみなされている。[36]したがって、教師の学ぶ場や経験はきわめて多様であり、それぞれ異なる特徴を有していると考えられるだろう。そこで、以下では教員養成課程、日々の省察、校内での授業研究という三つの機会について、それぞれが持つ特質と教師の学習を検討する。

　第一に、教員養成課程における学習である。その特徴の一つは、複数の学問分野にまたがる多様な科目の準備されたカリキュラムである。これは特に教師の専門的力量の基礎となる個人の傾向性の涵養に寄与するだろう。例えば、実践を規定する要因の一つである教師の信念は、教師になってから形成されるのではなく、これまでの学習経験によって基礎づけられている。したがって、養成課程の学生も一定の教育に対する信念を持って入学してくると考えられるが、ともすればそれは特定の経験のみに依拠した偏った信念である可能性がある。こういった信念を、養成課程における多様な科目の授業で理論を学び、議論を行うことを通じて相対化していける点に養成課程の特質が認められる。実際、米国の研究では教員免許保持者は、そうでない者と比べて有意に子どもの学力を伸ばすことが示されており、[37]養成課程が重要な学習の場として機能していると考えられる。ただし、教員養成課程の効果検証は十分に行われていないことがほとんどで、[38]各大学、各大学教員によって実践の質には大きな差が想定される。

　第二に、日々の省察である。教師は日々の実践を省察によって意味づけることを通して、知識や信念を形成する。そのような経験と省察の循環は教師の学習の中核として多くの研究で捉えられており[39]、我が国でも教師教育の領域を中心に研究が行われている[40]。こういった日々の省察は実践的知識の獲得に特に重要である。実践的知識は、個人的、経験的、状況的、事例的な暗黙知という性質を持つため[41]、特定の実践の中で知性（感性や悟性を含む）を働かせることを通じて状況を意味づけ、問題を捉え、解決しようとする一連の省察的思考なくして獲得し得ない知識であるためである。一方、日々の省察は当人の認識に基づいているため、そのフレームを強化する働きが強く、ともすれば独りよがりの実践と省察になりかねない恐れがある。したがって他者との省察やコーチングなど、協同性をはたらかせることが継続的で批判的な省察に有効であると考えられている[42]。

　第三に、校内での授業研究である。協同的な実践の観察と協議を含む校内での授業研究は、日本型授業研究として国外でも有用性が指摘されている[14]。その特質は、まず、授業研究には他者の実践を観察する機会がある点である。他者の実践の観察機会は教師の専門的技能の獲得や専門的傾向性の変容を促す可能性がある。例えば、授業に対するイメージとして、学生は筋書き通りの伝達の場と捉えることが多いのに対して、教員は未知の展開を持つ共同作成の場として捉えているとの報告がある[43]。こういった教師の授業の構想や展開を暗に規定する個人的な要因が、他者の授業を見ることで変容することは想像に難くない。したがって、授業の観察は個人的な経験と省察だけでは起こり得ない信念や態度の変容をもたらす可能性があろう。

　次に、協議を通した事例的知識の形成と、その活動を通した同僚性の構築である。教師はやみくもに授業を見ているのではなく、一定の目的のもとに授業を見る。特に授業研究では、子どもの学びと、授業者の意図という当事者を尊重するようなあり方が重要だろう[44]。当事者の立場から協同的に授業を省察することで、質の高い事例的知識を形成することが授業研究の重要な機能である[45]。さらに、そのような協同的な省察を通して、実践共同体としての目標や価値観、

規範といった学校文化が少しずつ形成されていき、教師間の同僚性の構築につながると推察できるだろう。ただし、授業研究には形式的な協議に終始し形骸化してしまったケースも報告されており、その実施には工夫が必要である。

　以上の通り、教員養成課程、日々の省察、校内での授業研究は、それぞれ異なる学習の形式が機能する場であるが、どれもが教師の知識や信念、態度、技能などと関わっていることがわかる。教師の専門的能力の形成は異なる特質を持つ複数の場において、能力に関わる諸要素が統合的に形成される長期的なプロセスなのである。

第4節　これからの教師教育研究に向けて

　これまで、授業における教師の専門的能力とその形成について述べてきた。しかし、冒頭で述べた通り、教師の専門的能力は学術的にも十分に検討されていないテーマである。本章でも一定の枠組みの中で説明を試みたが、それは決して十分なものではないだろう。

　今後、教師の専門的能力の概念化、機能や形成の検討が期待されるが、その際には鹿毛が指摘する[46]以下の点に留意すべきだろう。すなわち、(1) 曖昧な概念による用語の恣意的な解釈、(2) 要素主義的な考え方による全体性の軽視、(3) 安易な目標—評価の枠組みによる、多様な教養や全人的発達の軽視、(4) 望ましい理想像の提示による、個人の独自性と多様性への不寛容、能力発揮の状況依存性を考慮しない個体能力主義である。

　これらの課題の克服のためには、いっそう実践に即した研究アプローチを重視すべきだと考える。例えば、(a) フィールドでの観察を主とした実践研究、(b) 質問紙法や実験法を用いたパフォーマンス分析、(c) 専門性基準の策定に関するアクションリサーチといったものが挙げられる。こうした研究においては、教師の専門的能力とその発揮が文脈に依存することや、その形成が全人的なプロセスであることを十分念頭において進めるべきであろう。

　　　　〔執筆分担：第1節，第3節-1（鹿毛）／第2節，第3節-2，第4節（佐藤）〕

注

(1) 鹿毛雅治「教師の専門的能力」『教師教育研究ハンドブック』学文社、2017年、266-269ページ。

(2) 子安増生・丹野義彦・箱田裕司監修『現代心理学辞典』有斐閣、2021年。

(3) 藤永保監修『最新心理学辞典』平凡社、2013年、三宅和夫・北尾倫彦・小嶋秀夫編『教育心理小辞典』有斐閣、1991年。Goldenson, R. M.(Ed.), *Longman Dictionary of Psychology & Psychiatry*. Addison-Wesley Longman Ltd, 1983. 藤永保・仲真紀子監修『心理学辞典』丸善、2004年、宮城音弥編『岩波心理学小辞典』岩波書店、1979年。

(4)『最新心理学辞典』平凡社。

(5)『教育心理小辞典』有斐閣。

(6)『心理学辞典』丸善。

(7) 鹿毛雅治「パフォーマンスの心理学への招待」『パフォーマンスがわかる12の理論──「クリエイティヴに生きるための心理学」入門！』金剛出版、2017年、9-32ページ。

(8) 石黒広昭「心理学を実践から遠ざけているもの──個体能力主義の興隆と破綻」『心理学と教育実践の間で』東京大学出版会、1998年、103-156ページ。

(9) 梶田叡一『教育における評価の理論Ⅰ：学力観・評価観の転換』金子書房、1994年。

(10) R・M・ガニエ著、北尾倫彦訳『教授のための学習心理学』サイエンス社、1972年。

(11)『心理学辞典』丸善。

(12) 同上。

(13) Reber, A. S., *The Penguin Dictionary of Psychology*. Penguin Books, 1985.

(14)『教育心理小辞典』有斐閣。

(15) 近年の先行研究においても、教師の専門的能力の主要な要素として一般的に知識、技能、傾向性が挙げられており（例えば、Grant, C.A., Teacher capacity. In M. Cochran-Smith et al. (Eds.), *Handbook of research on teacher education* (3rd Ed.) (pp.127-133), Routledge, 2008.）、各要素間の関連について、例えばダーリング - ハモンドらは、教師の知識、信念、態度を土台として判断や意思決定が生じ、それらが教師の行動を支えることを示すモデルを提案している（Darling-Hammond, L., Wise, A.E. & Klein, S.P., *A license to teach*. Jossey-Bass, 1999.）。また、佐藤学は教師の傾向性の一種として理解可能な「実践的見識」（実践的知識を総合して省察と判断をする思慮深さ）を実践的思考の基盤として位置づけている（佐藤学『専門家として教師を育てる―教師教育改革のグランドデザイン』岩波書店、2015年）。

(16) Stigler, J. W., & Miller, K. F., "Expertise and Expert Performance in Teach-

ing." *The Cambridge handbook of expertise and expert performance second edition.* Cambridge University Press, 2018.

(17) 文部科学省『中学校学習指導要領』2017 年。

(18) Nye, B., Konstantopoulos, S., & Hedges, L. V., "How large are teacher effects?" *Educational evaluation and policy analysis*, Vol.26, No.3, 2004, pp.237-257.

(19) Teacher expertise の訳語については、力量、熟達といった語も想定されるが、これらはすでに多様な意味を含意して用いるため、ここでは熟練性とした。

(20) Anderson, J., & Taner, G., "Building the expert teacher prototype: A meta-summary of teacher expertise studies in primary and secondary education." *Educational Research Review*, Vol.38, 2023, p.100485.

(21) 鹿毛雅治『子どもの姿に学ぶ教師——学ぶ意欲と教育的瞬間』教育出版、2007 年。

(22) Borko, H., Livingston, C., & Shavelson, R. J., "Teachers' thinking about instruction." Remedial and Special Education, Vol.11, No.6, 1990, pp.40-49

(23) Westerman, D. A., "Expert and novice teacher decision making." *Journal of teacher education*, Vol.42, No.4, 1991, pp.292-305.

(24) Shulman, L., "Knowledge and teaching: Foundations of the new reform." *Harvard educational review*, Vol.57, No.1, 1987, pp.1-23.

(25) Kunter, M., Klusmann, U., Baumert, J., Richter, D., Voss, T., & Hachfeld, A., "Professional competence of teachers: Effects on instructional quality and student development." *Journal of educational psychology*, Vol.105, No.3, 2013, pp.805-820.

(26) Anderson, op. cit.

(27) Goodwin, C., "Professional vision." *American Anthropologist*, Vol.96, No.3, 1994, pp.606-633.

(28) Wolff, C. E., Jarodzka, H., van den Bogert, N., & Boshuizen, H. P., "Teacher vision: Expert and novice teachers' perception of problematic classroom management scenes." *Instructional science*, Vol.44, 2016, pp.243-265.

(29) 佐藤学・岩川直樹・秋田喜代美「教師の実践的思考様式に関する研究 (1)：熟練教師と初任教師のモニタリングの比較を中心に」『東京大学教育学部紀要』第 30 巻、1990 年、177-198 ページ。

(30) Westerman, op. cit.

(31) Blömeke, S., Jentsch, A., Ross, N., Kaiser, G., & König, J. "Opening up the black box: Teacher competence, instructional quality, and students' learning progress." *Learning and Instruction*, Vol.79, 2022, p.101600.

(32) Blömeke, S., & Kaiser, G., "Understanding the development of teachers' professional competencies as personally, situationally and socially determined," *The SAGE Handbook of Research on Teacher Education*, SAGE Publications

Ltd, 2017, pp.783-802.

（33）Anderson, op. cit.

（34）Ibid.

（35）Kunter et al., op. cit.

（36）Sancar, R., Atal, D., & Deryakulu, D., "A new framework for teachers' professional development." *Teaching and Teacher Education*, Vol.101, 2021, p.103305.

（37）Darling-Hammond, L., Holtzman, D. J., Gatlin, S. J., & Heilig, J. V., "Does teacher preparation matter? Evidence about teacher certification, Teach for America, and teacher effectiveness." *Education Policy Analysis Archives,* Vol.13, 2005, pp.1-48.

（38）Mancenido, Z., "Impact Evaluations of Teacher Preparation Practices: Challenges and Opportunities for More Rigorous Research." *Review of Educational Research*, 2023.

（39）Clarke, D., & Hollingsworth, H., "Elaborating a model of teacher professional growth." *Teaching and teacher education*, Vol.18, No.8, 2002, pp.947-967.

（40）坂本篤史「現職教師は授業経験から如何に学ぶか」『教育心理学研究』第 55 巻 4 号、2007 年、584-596 ページ。

（41）佐藤学『専門家として教師を育てる──教師教育改革のグランドデザイン』岩波書店、2015 年。

（42）Kraft, M. A., Blazar, D., & Hogan, D., "The effect of teacher coaching on instruction and achievement: A meta-analysis of the causal evidence." *Review of educational research*, Vol.88, No.4, 2018, pp.547-588.

（43）秋田喜代美「教える経験に伴う授業イメージの変容 比喩生成課題による検討」『教育心理学研究』44 巻 2 号、1996 年、176-186 ページ。

（44）鹿毛雅治・藤本和久・秋田喜代美・大島崇・木原俊行・小林宏己・田上哲・田村学・奈須正裕・藤井千春『「授業研究」を創る：教師が学びあう学校を実現するために』教育出版、2017 年。

（45）佐藤学、前掲書。

（46）鹿毛、前掲論文、学文社、2017 年。

・第3章
これからの社会における
学校と教師の役割

● 樋口直宏

はじめに

　2018 年に実施された国際教員指導環境調査（TALIS：Teaching and Learning International Survey）において、日本の中学校教師の週あたりの勤務時間平均は、OECD 平均 38.3 時間に対して 56.0 時間と最長であった。文部科学省による 2022 年度教員勤務実態調査においても、教師の 1 日あたりの在校等時間は 10 時間 45 分（小学校）、11 時間 1 分（中学校）、10 時間 6 分（高等学校）であり、多様化する子どもたちに対する個別的対応、家庭や地域の問題への関与、さまざまな教育改革や高度化とそれに伴う研修、事務作業や校務分掌の増大といった点が、業務と勤務時間の増加へとつながっている。

　このような多忙化問題への対策として、残業手当の支給等の教師の待遇改善や、出退勤時間の徹底と持ち帰り残業の禁止といった働き方改革が実施されている。休日の確保等は、教師の健康を維持するために必要であるが、それに見合う業務量の削減を行わなければ、時間に追われるストレスを感じるだけであり、表面的な指導や業務の遂行、さらには行うべき業務の放置や未実施へとつながりかねない。

　このことを鑑みると、何より求められるのは教師の増員であろう。だがそこには、教員不足という深刻な問題が立ちはだかっている。山崎は、「今後の小学校教員の需要は、1998 年春に大きな底が訪れる。1999 年春から急速に回復し始め、西暦 2000 年を過ぎると、目を見張るほど急増することが見込まれる。」[(1)] と予測していたにもかかわらず、実際の採用者数は 2000 年前後が最低で

あった。この頃に計画的な増員や前倒し採用を行っていれば、教員不足もある程度解消されていたであろう。教師の多忙化がクローズアップされるほど、社会的地位とともに職業としての魅力が低下して、教員不足に拍車をかけるのは想像に難くない。

　以上の点を踏まえて近年実施されているのが、学校に教師以外の人員を配置したり、ICT活用やDX化を進めたりする動きである。しかもそれは、コロナ対策とも関係しながら文部科学省以外の省庁の政策として構想されている。だが、そのような動きは教師の役割や学校教育の本質を変えてしまいかねない危険性をはらんでいる。そこで本章では、近年の教育改革動向を展望しながら、学校および教師の位置づけがどのように変容しているかを確認する。そのうえで、これからの社会における学校と教師の役割や対応策について考察したい。

第1節　学校における教職員構造の変化

1. チームとしての学校

　学校で働く者の大半は、教師である。ところが近年、「チームとしての学校」とICTの積極的導入によって、この構造に変化が生じている。「チームとしての学校」は、中央教育審議会「これからの学校教育を担う教職員やチームとしての学校の在り方について（諮問）」(2014年)において打ち出された。そこでは、「教員が専門職として教育活動に専念できるよう、例えば教員と事務職員の役割分担を見直し改善することや、心理や福祉などの多様な専門性や経験を有するスタッフの学校への配置」が求められていた。ただしそれは、教員の専門性や資質・能力の向上に重点が置かれていた。

　ところが、2015年の答申「チームとしての学校の在り方と今後の改善方策について」では、その方向性は若干異なっている。具体的には、校長のリーダーシップとマネジメントが強調されるとともに、副校長や主幹教諭、主任の役割も重視され、いわば縦のチームが重視された。また、教師以外の専門スタッフが幅広く具体化され、それらが学校内の組織としてチーム化された。専門ス

タッフとしては、心理や福祉（スクールカウンセラー、スクールソーシャルワーカー）、授業等における教員の支援（ICT 支援員、学校司書、英語指導を行う外部人材と外国語指導助手（ALT）、補習など学校における教育活動を充実させるためのサポートスタッフ）、部活動（部活動指導員）、特別支援教育（医療的ケアを行う看護師等、特別支援教育支援員、言語聴覚士、作業療法士、理学療法士、就職支援コーディネーター）が例示されている。

　このほかにも、サポートスタッフとして理科実験支援員や地域連携を担当する教職員等が挙げられる。その結果、教師の専門性向上だけでなく、教師以外の人材を学校に取り入れる面が強調された。

2.　GIGA スクールと教育の DX 化

　学校教育における ICT の活用は常に重視されているが、2019 年には「学校教育の情報化の推進に関する法律」と「新時代の学びを支える先端技術活用推進方策」が公表されたのを受けて、同年 12 月には文部科学省内に GIGA スクール実現推進本部が設置された。小・中学校の児童生徒に 1 人 1 台のコンピュータ端末環境を準備するとともに、学校に高速大容量の通信ネットワークを整備する GIGA（Global and Innovation Gateway for All）スクール構想においては、当初は 2023 年度までに小・中学校全学年で達成することが目指されていた。だが、維持管理に負担のかかることもあり、自治体や学校現場は導入に積極的とはいえなかった。

　ところが、2020 年からの新型コロナウイルス感染症の流行により、状況は一変する。2 月末からの休校措置によって児童生徒が学校に来られなくなり、インターネットを用いた学習や遠隔授業が求められるようになった。文部科学省が同年 4 月に実施した調査「新型コロナウイルス感染症対策のための学校の臨時休業に関連した公立学校における学習指導等の取組状況について」によれば、教科書や紙の教材を活用した家庭学習を実施した設置者が 100% であったのに対して、テレビ放送を活用した家庭学習は 24%、デジタル教科書やデジタル教材を活用した家庭学習は 29% であり、同時双方向型のオンライン指導を通じた

家庭学習は5%にとどまっていた。6月から多くの学校は再開したものの、不安定な状況や感染対策と活動制限は長期間継続するとともに、ICTを活用した授業の効果が認知されたため、教材や指導方法の開発と普及が急速に広まった。

　1人1台端末については予算化が前倒しされ、文部科学省「義務教育段階における1人1台端末の整備状況」（2022年度末時点）によれば、99.9％が整備された。それとともに、中央教育審議会答申「『令和の日本型学校教育』の構築を目指して」（2021年）においても、①ICTの日常的な活用による授業改善、②学習履歴（スタディ・ログ）など教育データを活用した個別最適な学びの充実、③全国的な学力調査のCBT化の検討、④教師の対面指導と遠隔授業等を融合した授業づくり、⑤高等学校における遠隔授業の活用、⑥デジタル教科書・教材の普及促進、⑦児童生徒の特性に応じたきめ細かな対応、⑧ICT人材の確保のように、個別最適な学びと協働的な学びを実現するためにICTの活用が全面的に強調されている。この他にも、プログラミング教育やSTEAM、特別支援教育、教師のデータリテラシーの向上と教員養成モデルの構築、学校健康診断の電子化、遠隔・オンライン教育に適合した教室環境や学びのDX化というように、新型コロナウイルス対策にとどまらない、新しい授業や学校の姿が展望されている。

第2節　学校教育の転換

1. 他省庁による学校教育への関与

　教育に関する政策に文部科学省以外の省庁が関与することは、珍しいことではない。その一つは、各省庁の業務内容に特化した教育であり、租税教育（財務省）、金融教育（金融庁）、環境教育（環境省）、防災教育（国土交通省）、食育（農林水産省）等がこれにあたる。もう一つは、総理大臣や内閣官房等による総合的な教育政策である。1980年代に中曽根康弘首相の下に設置された臨時教育審議会は有名だが、その後も教育改革国民会議、教育再生（実行）会議等が設けられ、岸田文雄内閣下でも教育未来創造会議が設置された。それとともに、

内閣府や経済産業省においても会議が開催されている。

　具体的には、内閣府の所掌する総合科学技術・イノベーション会議（CSTI：Council for Science, Technology and Innovation）においては、総合的・基本的な科学技術・イノベーション政策の企画立案および総合調整を行うことを目的としている。その中で、2021年から2022年にかけて教育人材・育成ワーキンググループが設置され、中央教育審議会、経済産業省産業構造審議会の委員の一部も加わった。その結果、1）子供の特性を重視した学びの「時間」と「空間」の多様化、2）探究・STEAM教育を社会全体で支えるエコシステムの確立、3）文理分断からの脱却・理数系の学びに関するジェンダーギャップの解消という三つの政策が提言された。また学校教育を、1）「教師による一斉授業」から「子供主体の学び」、2）「同一学年で」から「学年に関係なく」、3）「同じ教室で」から「教室以外の選択肢」、4）「教科ごと」から「教科等横断・探究・STEAM」、5）「Teaching」から「Coaching」、6）「同質・均質な集団」から「多様な人材・協働体制」へと転換することが目指されている。

　これに対して、経済産業省では2017年より教育産業室を設けて、未来の教室実証事業をはじめとするICT活用を中心とした教育改革を提案してきた。2021年から2022年にかけて未来人材会議が開催され、5回の会議においては毎回企業経営者等からのヒアリングが行われている。公表された「未来人材ビジョン」は、「人的資本経営という変革を通じて、日本社会で働く個人の能力が十二分に発揮されるようになれば、日本社会がより一層、キャリアや人生設計の複線化が当たり前で、多様な人材がそれぞれの持ち場で活躍でき、失敗してもまたやり直せる社会へと、転換していく」という見通しの下で、これからの教育のあり方を検討している。

　またこの会議とは別に、産業構造審議会商務流通情報分科会では、2021年に「教育イノベーション小委員会」を設置した。これは、「学びの探究化・STEAM化」と「学びの自律化・個別最適化」の二つのワーキンググループから成り立っており、中央教育審議会委員の一部も参加している。2022年に公表された中間とりまとめにおいては、「時間・空間」「教材」「コーチ」の3点から、組み合

わせ自由度を向上することが提案されている。この他にも、「出口」の再デザインとして、入試や就職活動で評価される資質・能力が変わるように見直すこと、ルールメイキング（校則見直し）プロジェクトや学校 BPR（Business Process Re-engineering：働き方の見直し）プロジェクト等による教職員間の対話を通じた信頼性の高い組織への改変、EdTech 教材を導入する費用を捻出するための紙辞書や制服調達といった教材費等の使途見直し、プール等の施設の見直し、広告活用による収入の創出等の検討、さらには校舎の老朽化・建て替えに向けて地域拠点としてさまざまな施設と一体化する再デザイン等が構想されている。

2.　教育改革における学校

　今日の教育改革に基づく政策提言は、学校教育に関する「どこで」「誰が」「何を・どのように」行うかについての根本的な見直しを求めている。すなわち、「どこで」については、学校という場が、幼稚園、小・中学校の一体化だけでなく、公民館や図書館、福祉施設といった地域の施設とも一体化することが考えられている。また、学びの場の選択肢の拡充や、探究学習や才能教育としての大学、研究機関、民間企業、地域、オンライン才能発掘研究所のようなサードプレイスも検討されている。さらに、高等学校では小規模校でのオンラインによる遠隔授業やオンデマンド教材を活用した際の教員配置の見直し等が検討されており、新型コロナウイルスへの対応はもとより、学習時間を含む利便性の観点からも、学校という場自体の存在が見直されている。

　「誰が」についても、学校教育法施行規則の改正によって、従来の学校用務員、スクールカウンセラー、スクールソーシャルワーカーに加えて、2017年より部活動指導員、2021年より医療的ケア看護職員、情報通信技術支援員、特別支援教育支援員、教員業務支援員が職員として加えられた。また、「発達障害等」「特異な才能のある子供」「不登校（傾向）」「日本語を家であまり話さない子供」「家にある本の冊数が少なく学力の低い傾向が見られる子供」に対する、「多様な伴走者」として、基礎学習および探究学習のそれぞれに応じて、地域

の人材や大学生、企業等の社員や研究者が、児童生徒の学びを支援することが
期待されている。これらの人材はフルタイムの勤務が必要とは限らず、教師よ
りも多くの人数を学校で占める可能性すらある。

　「何を・どのように」については、個別最適な学びと協働的な学び、そして
1人1台端末を活用したICT教育が授業のスタイルを変えることは言うまでも
ない。すなわち、「未来人材ビジョン」で述べられているように、基礎・基本
や知識理解に関する部分はスーパーティーチャーによるオンライン学習やAI
ドリル等のEdTech教材、あるいは企業や大学等の教育プログラムを共通の知
として整備することによって、学校や時間割にとらわれない個別学習を行い、
データの利活用によって最適化が図られる。これに対して探究に関する部分は、
社会課題や生活課題の当事者として、課題の構造を見極めながら、自分に足り
ない知恵を集め、異なる他者との対話を通じて、協働的な学びが目指される。
そのために、STEAMライブラリーの活用や専門家による支援が行われ、教師
は協働的な学びや発表等の支援、学習や教材のコーディネート、コーチングや
管理といった役割に転換される可能性がある。

　このような教育改革は、情報産業の教育界への進出や、民間企業の学校教育
への参入といった、政治的・経済的な動きとも関係している。それとともに、
そもそも学校教育は何のために行われるのかについて、従来とは異なる角度か
ら要請されていると考えられる。「社会に開かれた教育課程」という時の「社
会」とは、産業社会のことであり、そこで育成しようとしているのは国際競争
力に打ち勝とうとする企業が必要とする「人材」とみなされている。それは、
これまで批判されていた実生活との関係が見出しにくい学問研究の基礎内容で
はないものの、教育学の目指す人間や人格形成とは明らかに異なる。そこには、
一斉教授による知識教授から個別最適化された学びによる資質・能力の育成と
いった授業の転換にとどまらない、学校や教師のあり方も含んだ根本的な方向
性についても含意されていると考えるべきであろう。

第3節　教師の役割の再検討

1. 教師の職務と資質・能力

　それではあらためて、これからの社会における教師の役割をどのように考えれば良いだろうか。まず、教師の職務について『学校組織全体の総合力を高める教職員配置とマネジメントに関する調査研究報告書』では、諸外国における教員の役割を比較している[(2)]。そこでは、教員勤務実態調査の項目に即して、「児童生徒の指導に関わる業務」(登下校指導、欠席児童への連絡、朝のホームルーム、事務処理、成績情報管理、教材準備、課題のある児童生徒への個別指導、体験活動の運営、給食時間の食育、休み時間の指導、校内清掃、運動会、文化祭、進路指導、健康・保健指導、問題行動、カウンセリング、クラブ活動・部活動、児童会・生徒会指導、備品管理)、「学校の運営に関わる業務」(校内巡視、安全点検、調査・統計への回答、文書・予算案の作成、施設管理、学納金徴収、出張、学校広報、転入・転出関係事務)、「外部対応に関わる業務」(家庭訪問、地域行事、ボランティアとの連絡調整)が列挙されており、教師の業務の多さがわかる。しかも、他の国は「学校の運営に関わる業務」と「外部対応に関わる業務」の大部分を教師の業務としていないが、日本と中国の教師はほぼすべての業務に関与している。

　岩田康之は、教師に相当する英語として teacher のほかに、counselor、social worker、administrator、instructor、coordinator、guardian、policeman といった多様な役割を挙げ、それが日本的教師の職業特性であると述べている[(3)]。また佐久間亜紀は、「日本型教職は、子どもたちの生活全般を見守るなかで学習支援を展開することを可能にしてきた[(4)]」と述べるように、家庭環境も含め安心して勉強できる学習環境を保障するとともに、授業以外の場面においても一人ひとりの子どもが活躍し学級の仲間に認められる機会を設けることが、学習指導にも結びついてくる。

　さらに佐藤晴雄は、教職の意義として、子どもの人格形成、社会・国家・地球の発展への寄与、地域の文化的創造への貢献の三点を挙げている[(5)]。学習指導と生徒指導の両面から子どもの人格形成に務めるのが教育の目的であり、授業

だけが教師の職務ではない。また、成長した子どもが社会の一員になることを通して、教師の教育活動が社会の発展に寄与しているといえる。それとともに、PTA活動や地域懇談会、防災活動、コミュニティ・スクールのように、地域と直接的に関わることで、家庭や地域の教育力向上や学校を核とした地域づくりに貢献している。それらが教師の多忙化を誘発する可能性もあるが、職務を分業化して教師以外の専門スタッフだけが関わることは学校教育を混乱させ、かえって教師の負担を増やすことにつながりかねない。

　そしてこのことは、教師の資質・能力の問題とも関わってくる。これについては、中央教育審議会で教員免許制度や研修のあり方と連動する形で議論されている。例えば、「これからの学校教育を担う教員の資質能力の向上について」（2015年）においては、使命感や責任感、教育的愛情、教科や教職に関する専門的知識、実践的指導力、総合的人間力、コミュニケーション能力などが挙げられている。その後も、「公立の小学校等の校長及び教員としての資質の向上に関する指標の策定に関する指針」（2022年）が告示された際に、「教職に必要な素養」「学習指導」「生徒指導」「特別な配慮や支援を必要とする子どもへの対応」「ICTや情報・教育データの利活用」の具体的内容が示されるとともに，ファシリテーション能力も重視されている。各内容の是非はともかく、教師はこれらの領域全般において研鑽を積むことで、前述した職務を果たすことができる。

　教師の専門職性や高度化という観点からは、教師が教養、特に教育学的教養を学び備えることも重要である。戦前は師範学校において行われていた教師教育が、戦後は開放制原理を踏まえて大学で行われるようになった理由の一つは、幅広い教養や学芸を身につけることが必要と考えられたからである。もっとも、専門学を修めた人なら誰でも教師になれるというリベラリズムと、教師になるためには教育学的教養と教育実習が必要であるとするプロフェッショナリズムの対立もあり、教養の示す範囲には相違がある。だが、戦後誕生した教員養成系の大学が当初は学芸学部（大学）と名乗っていたことからも、市民としての教養教育が教師にとって必要であると認識していることがうかがえる。

　さらに、長期にわたる専門的訓練や職業的自律性といった教師の専門職性の観点から、2008年度からは専門職大学院としての教職大学院が設置され、教師教育の高度化が始まった。そこでは、実務家教員による授業、10単位以上の学校における実習、事例研究といった、理論と実践の往還による実践的指導力の育成が図られている。このように、教師の専門職性と教師教育の高度化を通して、多様化する教育課題への対応が可能となり、そこに他とは異なる教師の独自性を見出すことができる。

2.　公教育のゆくえと教師教育のあり方

　鈴木大裕は、市場原理主義を学校教育に導入したアメリカの公教育の姿を描いている。それによれば、アメリカは「危機に立つ国家」(1983年)の発表以来、学校や教師に対する信頼が低下したため、学校選択制やチャータースクールといった新自由主義の教育改革を実施した。また、スタンダードとアカウンタビリティによる標準化・統一化が図られ、2002年にはNCLB (No Child Left Behind) 法が制定された。その結果、公教育の民営化が始まり、各学校は生徒数の維持と教育予算を獲得するため、国や州のテスト対策に力を注いだ。カリキュラムは国語、数学、理科が中心となり、美術、外国語、社会科といった教科は疎外された。授業も、テストの点数を最も効率良く上げる実践が取り上げられ、それがデジタル化されて拡散する。生徒指導も、ゼロトレランスと呼ばれる管理的な手法が用いられ、校則違反、低学力、学習障害といった生徒が排除された。

　このようなカリキュラムや授業の下、教師についても非専門職化が進んでおり、チャータースクールの特例により正規免許がなくてもわずかな期間の講習で教壇に立つことができるようになった。また、「教員輸入」と称して人材派遣会社を介してフィリピン等の海外から給料を搾取しながら雇用する例も紹介されている。これらの現象を鈴木は、「教師の教育学に根ざした知識、教員免許、そして確固たる経験に培われた教師の直感、柔軟性、子どもに対する包容力などは、従来の価値を失っていった。『効率性』追求の名の下に、ビデオや

iPad 等のテクノロジーを導入する代わりにプロの教員を削減する現在のアメリカのトレンドの背景には、このような教育ビジョンの貧弱化がある」とまとめている。テストの作成と運営、教材、データシステムの開発を民間企業が請け負い、PISA が世界の教育を標準化することで海外展開も進められる。その結果、学校間には格差が生じ、チャータースクールへの転換により教師は解雇され、教育委員会の廃止による権力の集中と監視システムの強化も進んでいる。

　本稿で検討した日本の教育改革も、アメリカの公教育の姿と類似している。また、学校とそれ以外の教育の場との区別があいまいになり流動化され、専門性も細分化することによって、各分野の専門スタッフと補助者だけが存在して、教師という職務が縮小・消滅することすら考えられる。それは、教員免許不要論や教育学部廃止論にもつながりかねない。そのような状況において、特に教師教育という観点からどのように対応すればよいのであろうか。

　まず考えるべきことは、学校と教師の本質を再確認することであろう。学校とは、知識や技能を獲得するだけでなく、同じ空間をともに生活しながら、異なる考え方や心情に接して協働で課題に取り組み、知徳体を全面的に発達させる場である。これに加えて、子どもを取り巻く環境に関わらず、平等性（equality）とともに公平性（equity）を全員に対して保障することが、公教育の責務である。また教師は、子どもの人格形成に直接関わり、学習指導と生徒指導の両面から総合的な専門性や行動力を有する存在である。それは、教授を通じて人格形成を行うというヘルバルトの教育的教授や、部活動を通して生徒指導や人間関係を構築するという、教育的意義にもつながる。

　次に、このような教育環境を構築するとともに教師の多忙化を解消するという意味でも、教師の増員を働きかけることが求められる。学校現場で多忙化ゆえに教師が足りないと訴えても、現実には教師の志望者そのものが不足していることもあり、これまで例示した教師とは異なる専門スタッフが増えていく可能性は十分にある。「教師と他の専門家等の協力支援の体制を広げる」ことは以前から言われているが、適切な協力支援が重要であり、専門スタッフ任せにするわけではない。その意味でも、教師の人数を確保することが、日本の学校

や教師のすぐれた資質にもつながると思われる。

　その一方で、学校教育の現状や改革の妥当性についても、考える必要がある。例えば、学校と塾の授業とでは何が異なり、学校の教師はどのような専門性を有しているかという点については、合理的な説明が求められる。大学入学共通テストを導入するにあたっては、1点刻みからの脱却を目指して記述式や主体性評価の導入が構想されていた。公平性や運用上の問題から実施は見送られたが、理念自体は従来の入試批判に応じた内容であり、学校では受験対策にとらわれないカリキュラムや授業が可能になるはずである。

　また、中央教育審議会答申「新しい時代の教育に向けた持続可能な学校指導・運営体制の構築のための学校における働き方改革に関する総合的な方策について」(2019年)では、学校・教師が担う業務を「基本的には学校以外が担うべき業務」「学校の業務だが、必ずしも教師が担う必要のない業務」「教師の業務だが、負担軽減が可能な業務」の三種類に整理している。確かに、学校徴収金の管理や調査・統計等への回答のように、教師以外の者で可能な業務も多いが、休み時間の対応や部活動のように，人間形成という観点から教師が関わることがのぞましい取り組みもある。負担軽減を優先して、必要以上にDX化したり学校行事の回数や内容を削減したりすることは、学校で学ぶ意義を見失いかねないことに留意すべきである。

第4節　おわりに

　本章では、教育改革による教育DX化や学校教育の方向性が人間形成から人材育成へと転換しているとともに、学校も教師以外の専門スタッフが増えて分業化が進み、教師もコーディネーターやファシリテーター的な指導が求められることで、その役割が変容しつつあることを指摘した。そのうえで、教師は学習指導と生徒指導の両面から子どもの人間形成に直接関わる存在であり、そのような専門性を有する教師を増員する必要があることを確認した。

　最後に、教師の意識について、ローティは「保守主義と個人主義と現状主義

が一体となって職業的下位文化の特徴をつくり出している」と指摘している[10]。教科書の内容を指導書に沿って教え、割り当てられた分掌を粛々とこなし、研究開発や教育改革に関心をもたないという教師も見受けられる。だがそれでは、学校で教師が指導する意味は薄れ、免許のない者やICTでも代用可能になりかねない。上記の三つの主義に陥るのではなく、目指す子ども像を自ら描き、それをカリキュラムや授業デザインに反映させて、総合的即時的な実践的知識を用いるといった、自律的な専門職を目指すことが教師には求められる。その意味で、教師という職に対する自由と責任を意識させることが、これからの教師教育においてはいっそう重要となるであろう。

注

(1) 山崎博敏『教員採用の過去と未来』玉川大学出版部、1998 年、78 ページ。

(2) 大杉昭英（研究代表者）『学校組織全体の総合力を高める教職員配置とマネジメントに関する調査研究報告書』国立教育政策研究所、2017 年、176 ページ。

(3) 岩田康之「教育改革の動向と教師の『専門性』に関する諸問題」久冨善之編著『教師の専門性とアイデンティティ――教育改革時代の国際比較調査と国際シンポジウムから』勁草書房、2008 年、43 ページ。

(4) 佐久間亜紀「小学校教師の仕事――日米比較から」油布佐和子編著『現代日本の教師――仕事と役割』放送大学教育振興会、2015 年、45 ページ。

(5) 佐藤晴雄『教職概論』学陽書房、2022 年、28-31 ページ。

(6) 樋口直宏「教師教育カリキュラムにおける教育学的教養」日本教師教育学会編『教師教育研究ハンドブック』学文社、2017 年、182-185 ページ。

(7) 鈴木大裕『崩壊するアメリカの公教育――日本への警告』岩波書店、2016 年。

(8) 同上書、65 ページ。

(9) 蔵原清人・黒澤英典「教師――今、問われているもの」日本教師教育学会編『教師とは』学文社、2002 年、28-30 ページ。

(10) ダン・ローティ著、佐藤学監訳、織田泰幸・黒田友紀・佐藤仁・榎景子・西野倫世訳『スクールティーチャー――教職の社会学的考察』学文社、2021 年、318 ページ。

• 第4章
総合・探究が実践できる教師へと
自己形成する条件

• 金馬国晴

第1節　総合・探究の現状と教師教育［問題関心と課題］

　日本教師教育学会課題研究 II の「今後の教師教育のグランドデザイン」(2023) でいう「探究力」を育てる「研究的・探究的学び」は、学生や教師がどこでできるものなのか。そうした力や学びは、総合的な学習または探究の時間（以下、総合・探究。生活科も含む）で必要とされるが、学習指導要領の 2017・18 年改訂で、高等学校の地理歴史や国語、理数にも探究が入ってきた。

　だが、多くの教師が総合・探究の計画、実践に苦慮している。なぜなのか。各教科では教科書を教える定型的な授業がまだ多いことの影響があろう。遡ると大学時代に、総合・探究のような機会がまだ少なかったか、または経験があっても薄かったからだろう。大学では近年、教養科目の基礎ゼミやアクティブラーニング、PBL（課題解決型学習）といった形で、探究が講義科目にも導入されてきた。加えて、演習科目、ゼミナールがかつてからあり、その総仕上げである卒業論文（以下、卒論）こそ注目できる。とはいえ、卒論は教師教育に無関係であると、学生、そして指導教授さえ思っている現状がないか。

　本章は、総合・探究が実践できる教師へと自己形成されるには、いかなる条件があるかを問うものである。それには、現場の勤務時間内での OJT や研修だけでは不十分だろう。現状の各校が、カリキュラム計画の図を作り、表を埋めるという形式的な書類作成に追われており、図表偏重の"紙キュラム"づくりに陥っているからである。総合・探究が一通り実践できている教師にとっても、楽しくもないようで、何も新しいものを生んでいない例が目立つ。私が形

式化、固定化、併せて定型化として問題視してきた事態が広く散見される[(1)]。

　若い世代から、実質的な内容、いわば理念を確かにし、総合・探究を計画、かつ実践していくような経験がいる。手がかりは創造性であり、遊びのような「楽しさ」からこそ新しいものが探究でき、創造がなされてくるのではないか。

　遊びはあらゆる活動の源流である。すでに私は遊びについて、『日本教師教育学会年報』32号（2023）で論じた[(2)]。その前に、遊びの新しい概念を提起したことがあった[(3)]。ここで、本章に関わる限りの要点を、敷衍しつつ示しておく。

　子どもの遊びは離脱の面が強調されるが、制約・拘束・規則に直面しながら、うまくコントロールできた段階で楽しいと感じる面も持つ。前者は忙しい子どもに増やすべき面であるが、学校の授業や行事に意図して入れる遊びには、後者のような、熱中・没頭し夢中になる面、つまり自分と他者やモノとの間の壁や境を「越境」しようと努める面が重要ではないか。そこで、私は「越境遊び」という概念を提起したが、スポーツがその典型だろう。この「越境」体験こそ、教師が子どもの「伴走者」へと育つ条件の一つであると考えたい。

　ただし、注意がいる。勤務に役立てるために遊ぶべきと言いたくはない。自由に共同で遊ぶことで、"結果として"総合・探究が「越境遊び」へと高まるのである。壁や境を越えて崩し、創造的になる越境遊び、となると研究に等しく、学生でいう卒論がそうだ。波及効果として、アイデンティティや人格の形成がなされる点に注目できる。例えば、「越境遊び」やその楽しさを豊富に経験することは、総合・探究が計画・実践できる教師への自己形成を促すだろうし、教職全体が楽しくなろう。こうした条件の探究が、前稿を受けて本章で続けていく探究となる。

第2節　フローの成立条件を通じて［研究課題と方法］

　M・チクセントミハイ（Mihaly Csikszentmihalyi、1934-2021、ハンガリー系アメリカ人、ポジティブ心理学）が、面接や質問紙を通じて明らかにした「創造性におけるフローの条件」が参考になる。本章では、氏の著作のうち、『クリエ

イティヴィティ─フロー体験と創造性の心理学』（浅川希洋志監訳、世界思想社、2016 年。原著 1996 年。以下、ページ数のみを示す）を解読し、要点を引用して考察を深める。併せて、本書の前に出された以下の三冊からも引用をする。すなわち、『楽しむということ』（今村浩明訳、思索社、1991 年。原著 1975 年。なお、改題新装版は『楽しさの社会学』新思索社、2001 年。以下 1991 とする）、『フロー体験─喜びの現象学』（今村訳、世界思想社、1996 年。原著 1990 年。以下 1996 とする）、『フロー体験入門─楽しみと創造の心理学』（大森弘訳、世界思想社、2010 年。原著 1997 年。以下 2010 とする）である。[4]

　フローの定義を整理しよう。一言では「全人的に行為に没頭している時に人が感ずる包括的感覚」（1991：66 他）とされる。つまり「一つの活動に深く没入しているので他の何ものも問題とならなくなる状態」「その経験それ自体が非常に楽しいので、純粋にそれをするということのために多くの時間や労力を費やすような状態」（1996：5）とされ、これに基づき最適経験との表現もされた。

　フローの語源は、面接調査での「よどみなく自然に流れる水」にたとえての「それはフロー〔流れ〕の中にいるようなのです」「流れているような感じだった」「私は流れに運ばれたのです」といった語りにある（2010：iii）。他方で、「正さねばならない無秩序や防ぐべき自己への脅迫もないので、注意が自由に個人の目標達成のために投射されている状態」との定義もされる（1996：51）。[5]

　こうしたフローの状態に没入できると、私たちは「その瞬間に、人生の中の一番よい時としてそれが現れるのを感じる」。運動選手が「ゾーンに入った」、宗教的な神秘主義者が「エクスタシー」の中にいる、画家や音楽家が美的な「恍惚状態」、と言う場合に近い。彼らの体験の描写は互いに非常によく似ていて（2010：40-41）、一般的な労働者、そして科学者でも同様とされる（125）。

　91 人への通常約 2 時間程度のインタビュー（30 項目近くある。447-450）が活用された『クリエイテヴィティ』にある「インタヴューを受けた人々の一覧」（451）を見ると、科学者、研究者が約半数を占めている。本章は、学校教師がこの研究者に並ぶ人々であると考え、考察を新たに進めていくものである。

　まず、チクセントミハイの著作で挙がったフローの諸条件をここに一言でま

とめて示し、全体像をつかんでおこう。すなわち、"できなそうなことができていく時、モノと行為をどうとでも操れるように感じ、ついには自分と世界に境界がない一体感をつかんだ状態"といった表現ができる。

　本章では、①フローのこうした成立条件を分節化して小見出しとし、著書からの引用を通じて整理する。「創造性におけるフローの条件」として『クリエイティヴィティ』の128-140ページで挙げられた7点が中心になる。（著書によって順序は異なるが、当書に示された順に、A～Gとして見ていく。なお、この前に「楽しい経験をしているときの感覚」として125-127ページに挙げられた9点があり、A～Gの各副題に示すが、2項目が上記の7点に吸収されている。）

　次いで、②総合・探究にフローの状態を起こし、「楽しい」活動に変えるための条件を明らかにする。「越境遊び」のうち、スポーツ（特に球技）、およびステージ（演奏または演劇）がわかりやすいため、それらにおけるフローを例示し、卒論（または修論や実習報告書）での研究とその発表に応用する。

　最後に、③学生や教師が総合・探究ができる自分へと成長する条件へと再構成していく。以上、卒論という研究も「越境遊び」と捉え直すこととなり、総合・探究を指導できる条件が、哲学的に明らかにできるだろう。

　先行研究については、管見のところ、総合的な学習や探究あるいは教師教育をフローの視点から検討した論考は見当たらない（図工・美術、特別活動についてはある）。なお本章での教師教育という語は、大学での教員養成と、現場での教員研修をともに意味し、ときに教師と学生の日常生活も含めるものとする。

第3節　フローの成立条件による総合・探究、教師教育の把握［結果と考察］

A．目標の明確さ ──過程のすべての段階に明確な目標がある

　①チクセントミハイは、仕事が楽しいと感じるフロー状態では、目標、つまり「何が為されなければならないか」が常にわかっている（125）と言う。例として音楽家やロッククライマー、外科医や農夫の例が挙げられている（1996）。

　②総合・探究で行う活動は、仕事ではなく子どもが主体になる遊びであるべきだと言う人もいるだろう。とはいえ例えば、誰かになりきる模倣、すなわちごっこを設定すれば、遊びかつ仕事になる。実際に、発明家つまり研究者、市長、障害者になろうと想定する調べ学習や発表会、または役者がやるインプロゲーム、漫才師や手品師、大道芸人に学んだりする総合・探究もあった。

　とはいえ、フローは「達成できる見通しのある課題と取り組んでいる時」(1996：62) に感じるとされる。これらの職業を完全に務めることは、すぐ達成されはしない。だからこそ、まずはごっこで十分になり切る遊びならできる。ごっこは幼児期や生活科の定番であり、大人も演劇、仮装、コスプレならばやる。そもそも、役者・俳優・女優、ゲーマーなどは、ごっこを本業とするプロである。演劇の総合・探究は、模倣の模倣を目指すものといえる。

　その延長線上で、探究や研究を研究者ごっこ、なりきり博士と捉えるとどうなるか。チクセントミハイは、発明家や物理学者、芸術家を例に挙げ、「ある状況では、創造のプロセスは、他者から与えられた課題や領域における最新の発達水準によって提示される課題の解決、という目標から始まる」(128) と言う。目標は、教師や友人から提示されて構わないことを意味する。卒論こそ、最高学府の教授が課す課題である。ただし、発明家には、「うまくいくはずのものがうまくいかない」(128) ことから明確な目標が得られることがあると言う。困難に直面するような遊びがあって、目標を立てて乗り越えていくその過程で自分と他者・周囲との壁の越境がめざせ、新しい何かが生まれれば、創造、創発が起こる「越境遊び」があり得る。まさに研究がこうした遊びを兼ねた活動である。研究で理想や目標と目されるのは、人でなく、理論や図表などのモデルであっていい。

　ステージに立つことでいえば、歌手になりきるにも、役者を真似るにも、家族の前で歌い踊るのとは違う、苦労や我慢、忍耐や課題がいる。背伸びもいるし、化粧や変装もいる。学習発表会や文化祭などで「ステージに立つ」発表や演劇、演奏では、先生や大人の足場がけも借りつつ、練習の目標が内発的に立てられる。卒論においても、中間や最終の発表として設定するステージという

壁や、そこに至るまでの一つひとつの過程とそこでの体験の質にこそ意義がある。

　③教師教育ではどうか。卒論（大学院生では修論や、教職大学院では実習報告書）は、真似する人物を、大学教授や先輩とした場合といえる。憧れを持ち、背伸びしようとする目標の設定とそれを達成するまでの一つひとつの過程は、フローや探究、創造を生むのに不可欠な壁である。他方で、教師にとっての「探究力」を養うことは、卒論だけでなく、誰かを真似て演じる演劇や、演奏でも経験できる。明確な目標に向かって、準備や練習に技能や生活を注ぎ込み、当日にその成果を出し切るまでの過程なのである。そうした目標と達成を先回りする経験が、探究ができる教師へと育つ道であり、卒論はその途中経過といえる。ステージについても、プロの研究者は、学会発表や講演などで演じる人なのであり、ゼミ報告や卒論・修論の発表会はその模倣である。他方で、スポーツやステージといった部活の大会当日と当日に向けた練習などの諸経験も意義深く、教職に就いての探究で活かされてくる。

B. どれくらいうまくいっているかを知る
——行動に対する即座のフィードバック

　併せて、①「自分の行為がどの程度うまく進んでいるのか」がわかっている(125)という点がある。このBは、Aで立てた目標が実現したかの検証となる。ゲームでの得点の記録がそうで、最中の時々で「自分がどのくらいうまくやっているのかがわかるように設計されている」(130)。仕事でも同様とされる。

　②すでに教科学習でも、先生が言葉での声かけ、ペン入れなどの形成的評価を行うが、総合・探究で、発表会でステージに立つ場合、観客の拍手や声援という形で、すぐにその場で評価が受けられる。それらを受け止める基準ができてくるとなおよい。

　③対して教師教育ではどうか。「創造的な仕事を続けている人々とは、専門家からの評価を待つ必要なしに、自分自身に対してフィードバックを行うことができるほど、その分野の場の評価基準をうまく内面化できている人々であ

る」(131)。そうした即時の自己フィードバックに近いことは、反省的実践家（ドナルド・ショーン、佐藤学[6]）と規定されてきた教師には、行為しながら省察する形で日常的に経験できる。例えば、子どもの表情が、自分の実践に関する即時的な評価となる。子どもたちと遊んだりスポーツをしたり、また活動をともにするような実践は典型で、自ら働きかけたことへの評価を子どもの表情から読み取ることで、フィードバックの経験が多く積める。学生時代から子どもたちと遊ぶことや少年団・子ども会といった活動を経験する意義は、その点にある。

　研究の場合が難しいのは、こうした遊びや活動に比べると、人でなく書物や文章が相手である点だ。ある科学者は、「自分たちとそれほど創造的でない同僚たちとの違いは良いアイデアと悪いアイデアを区別する能力にある」(131)と語った。アイデアを反応や表情があるかのように扱えるかも条件に加えるならば、より自分なりの基準がいる。教師として、さまざまなアイデアとのフィードバック経験をあらかじめ持てると、総合・探究に活きる。卒論のテーマ決定に際しては、ブレインストーミングということで、アイデアをどんどん出してみると、楽しく感じられてくる。

C．挑戦と能力の釣り合いを保つ──挑戦と能力が釣り合っている

　①フロー状態では、「自分の能力が行為の機会とうまく釣り合っていると感じる」(126) とされる。これは意味深い条件で、一言でいえば、フローには「スキルがちょうど処理できる程度のチャレンジを克服することに没頭している時に起こる傾向」がある点を条件化したものである (2010：42)。状況によって多様だが、逆にいうなら、「課題が自分の能力に対して高過ぎる」と「挫折感や不安」が生じるが、それもなく、「自分の潜在能力がそれを発揮するための機会よりも大きければ退屈を感じる」がそれもない場合である (126)。チクセントミハイは座標空間で説明している（ここでは割愛）が、これはスポーツやゲームで端的な条件で、同様のことが仕事や会話、人間関係がうまくいっている場面に言える (126)。

②総合・探究での発表会や、ステージに立つような演劇、演奏も同様である。身体的能力には限定されず、さらに読書、芸術、そして生産的活動や日常に必要不可欠な活動に関する力にも当てはまる（1996：63-65）。探究や研究もまた、ちょうどいい難易度かが問われる。真面目に一文字も間違えずに原稿を読んで説明することや、やったこともない創作劇をうまく演じることが要求され過ぎると、子どもたちも指導する方も失敗が怖くて不安になる。そこで逆に、間違ってもいいから学んできたことを自由にしゃべればいい発表会や、テレビでよく見る歌手やバンドを真似てみるだけの大会を設定すれば、それなりにできるので楽しくなる。ただし、適度な練習が要るような、壁に直面する挑戦も課した方がよく、学校で行うなら特にそうだ。「もがき」（132）の経験がいるのである。

③教師教育ではどうか。「挑戦を見つける一つの簡単な方法は、競争状況の中に身をおくということ」（1996：64）で、スポーツが手頃と言う。スポーツでいえば強い相手でも弱い相手でもない場合で、「本当に楽しい試合では、競技者は退屈と不安の間の細い線上で絶妙なバランスを保っている」。例えば、ラグビーは、楽しく観戦する人は増えているが、自分がやるとなると不安になるからか、競技人口は少ない。体育で課す男子校もあるが、女子もやるべきと主張する人はいない。女子野球や女子サッカー・フットサルなら普及してきている。バレーボールはさらに、体育でもレクリエーションでも選ばれている。とはいえ、今後部活動が控えられれば、これらも選ばれなくなるだろう。こうした多様な選択肢のうち、楽しく感じる、つまりフローが得られるスポーツはどれか。この按配を考える経験自体が、探究や研究のテーマ選びに活かせるだろう。

D．行為と意識の融合 ——行為と意識が融合する

①さらなるフローの条件は、「心が自分の行為から離れてしまう」ことがない点だ。これは以上の集大成となる条件であり、「挑戦と能力の間の緊密な均衡によって」精神を自分の行為という「一点に集中する」ことが要求され、

「明確な目標と継続的なフィードバックの存在によって可能となる」状態である（以上126）。言い換えるなら、自分の行為に自分のすべての意識が向けられ切っている状態といえ、「課題がちょうどよいレベルの場合には、創造のプロセスは順調に進みはじめ、他のすべての関心事は活動への深いかかわりのなかで一時的に棚上げされる」ことになる。チクセントミハイは、面接記録から、「脳ではなく手」が執筆する、「行為と意識の融合感覚を流れるようなインクと流れるようなアイデア」といった表現を引用している（以上134）。スポーツでもステージでも、レクリエーションであっても、楽しく感じられてくるのは、集中の瞬間を含む場合であり、困難を乗り越え周りとの壁が越境できてきた時からなのである。遊び半分のスポーツでも、不真面目にやって負け続けると退屈に感じてくる。勝ってみようと、頑張って練習したからこそいざという時、自然に自動的に動けて、集中し尽くせ、結果は負けても楽しく感じる。

　②総合・探究や研究こそ、しばしば壁に直面してしまう。そこで集中して続けられる場合には、行為に意識が向けられ切って融合し合う。これはどういう心理状態なのか。チクセントミハイによる分析を、長くなるが引用してみる。

　　「フロー体験は努力を必要としないようにみえるが、とんでもないことである。それはしばしば大きな身体的努力、または高度に訓練された知的活動を必要とする。それは熟練した能力が発揮されなくては生じない。わずかな集中の緩みがフローを消してしまうが、フローの継続中は意識は滑らかに働き、一つの行為は次の行為へと滞りなく続いていく。」（1996：69）

　③教師教育でも、自分の行為に自分のすべての意識が向け尽くされて、行為と意識が融合されるという感覚の体験がほしい。難しいようだが、こうしたフローの条件を自分で体験することは、子どもに先立つ教師側での先回りとなる。研究やスポーツをこの境地までやり切れた経験があれば見通しが立ち、卒論や報告、発表・大会に、意識をしっかり向けて準備しよう、と呼びかけることができる。

E．注意の散漫を避ける
——気を散らすものが意識から締め出される。失敗の不安がない

　①続いて挙がるフローの条件は、「その瞬間、その場所でかかわることにのみ、意識を向けている」ことである（126）。Dと似ているが、意識が自分の行為に集中されるだけでなく、これは「日常生活で抑鬱や不安を引き起こす心配事から私たちを解放してくれる」（126）といった条件である。つまり、「意識から日々の気苦労や欲求不満を取り除く、深いけれども無理のない没入状態で行為している」状態である（1996：62）。

　②要は「とても深く没頭するため、失敗について考えることはない」、「完全なコントロール感」という表現がされている。これは矛盾しているようだが、「ただ単に、コントロールという問題が意識に上ってこないだけ」だと言う。「何をすべきかが明確であり、課題に対して、能力が潜在的に適度なレベルで釣り合う」状態であって、この条件も先述したAやCに似ている。（126-127）

　③教師教育でいうと、心配事や悩みを忘れて楽しむ経験を日常的に積むことである。子どもには簡単なようだが、悩みが多い子には難しい。大人も子どももスポーツをしたりステージに立ったりしたいのは、嫌な日常を忘れたいからもあろう。スポーツは、心配事が邪魔をすると力を出せずに負けて、つまらなくなる。

　研究ではどうだろう。教師の日常と無関係なテーマが良いかもしれない。テーマをころころ変える経験もいい。すると、時間がたっぷりいる。大学や大学院という場はうってつけであり（今はそうもいえず慌ただしいが）、多くの教師にそこでの研究が保障されたい。人によっては教育学でなく、他の学問も学んだ方が、日常から離れられる点で、フローや越境が経験しやすいことになる。

F．自己、時間、周囲の状況を忘れる——自意識が消失する。時間感覚が歪む

　チクセントミハイのいう条件は、ついに自意識の点まで及ぶ。①127ページの記述を引用していくと、まず「日常生活において、私たちは自分が他人にどう見えているかを常に気にしている。起こり得る軽蔑から自分を守るために警

戒し、しきりに好印象を与えようとする。一般的に、こうした自己意識は重荷となる」ことを問題としている。そこで、フロー状態に入れれば、「自分の行為にあまりに没頭しているため、自我を守ることに注意を向けられない」。

この域に達した場合は「自己についての意識は消失するが」、活動が終わった後の方にこそ、初めて注目すべき心理状態が訪れる。「フロー体験の後では自己感覚はより強く現われ」、このとき初めて「楽しく」感じるという（1996：62）。

そうなれるのは、「たいていの場合、より強い自己概念を持ってその状態から抜け出し、困難な課題にうまく対処できたことを知る」からだと言う。さらにこのとき、「自我の境界線から一歩踏み出し、少なくとも一時的には、より大きな存在の一部になったとさえ感じるかもしれない」。難しいようだが、実際に、音楽家は宇宙との調和、スポーツ選手はチームとの一体感、小説の読者は別の現実を経験していると言う。彼らのように、逆説的に見えるが「自己は自己を忘れるという行為を通して拡張する」と言うのである（以上127）。

まとめれば、「フローの状態にある時は自己を吟味する余地はない。楽しい活動には明確な目標、不変のルール、それに能力によく適合した挑戦対象があるために自己が脅かされる機会はほとんどないからである」（1996：81）。そうした意味での「自意識の喪失は、自分という存在の境界が押し拡げられたという感覚にまで、自己超越を導き出すことができる」（1996：82）というのである。

以上こそ「越境遊び」になるとよい。自我と周囲との境界が越えられ、自我が拡張していく感覚。チクセントミハイの論に「生成変化」（G.ドゥルーズ）を加味すると、この感覚が想像や創造の源泉となる。

②これが、総合・探究の中でできないか。実際に、ブランコ、遊園地、テーマパークで起こっていることだ。内容によらず、フローが実現しているかの基準は、「時間感覚が歪む」経験にあろう。スポーツやステージ、そして遊園地等で、「時間の経つのを忘れ、数時間がまるで数分しか経っていないように感じることがある。あるいは、まったく逆のことが起こる」（127）のがこれだ。時間は圧縮されたり、引き延ばされたりする。

　総合・探究で言えば、チャイムがいつ鳴りそうかを気にしない、鳴っても活動を止めない子はフロー状態にある。時間を忘れるほど熱中した状態で、この無我夢中さは、ジョン・デューイ（John Dewey、1859-1952）がオキュペイションという語で表現したような、心を占領される活動の特長である。

　活動をやめない子をすぐに止めなくてもよいのではないか。総合・探究は、こうしたフロー状態に入った子が多いなら、成功したといえそうだ。家庭では、遊びが止められない子は、食事の時間に着席しなかったり、夜更かししたりする。保育園では、なかなか帰りの支度をしない。親としては困ったことである。とはいえ、小学校ではその類の夢中体験を大事にしたいからと、ノーチャイム制が作られ、またははじめから活動の時間を長く確保してきた例もある。

G. 自己目的的な経験としての創造性 ──活動が自己目的的になる

　①以上のようなフローを含む活動が「たとえ初めは他の理由で企てられたとしても、我々を夢中にさせる活動は内発的報酬をもたらすようになる」。それは「自己充足的な活動、つまり将来での利益を期待しない、することそれ自体が報酬をもたらす活動」と呼べる（1996：85-86）。チクセントミハイはコンピューターを使う仕事を例示し、「報酬よりも仕事の喜びを優先したという事実」（138）を示した。これは理想的な状態であり、遊び以外でも、「もし仕事や家庭生活が自己目的的になれば、人生にとって無駄なことはなくなり、することすべてが、それをすること自体に価値のあるものとなる」（128）。

　②研究にとっては、なぜしたいのかに関わる。チクセントミハイの整理を引用する。

　「科学者はしばしば、自分の仕事の自己目的的な側面を、真実と美の追究からもたらされる高揚感として表現する。（中略）彼らのやりがいは、神秘的で言葉で言い表せないような外的な目標ではなく、科学という活動それ自体である。重要なのは達成することではなく、追究することなのである。（中略）科学者を内発的にやりがいのあるものにしているのは日々の実践であり、

稀に訪れる成功ではない。」(138)

　人間は「大量のエネルギーをそれを感じるためにのみ消費するに値すると感じる」(1996：62)。大学は、または大学院での研修は、こうした自己目的的な活動を保障すべき場でありたい。研究は確かに自己目的的であるべきで、内発的動機付けからでないと始まらないし、続かない。報酬や命令、名誉や義務といった外発的動機付けからの研究は、フロー状態に十分入り込めないために、うまく進まない。成果や給料を求めずに、研究それ自体を楽しみたいものだ。

　③教師教育に向けても似ていないか。成果や報酬のためでなく、遊びであるかのように自己目的的に働く。その点が研究も似ており、そうでないと創造も越境も起こらない。原点回帰のために、大学院やそれに準ずる講座での学びが保障されるべきであろう。なのに、授業がうまくなるため、といった短期的な目標を強調すると、学びや研究は手段になり下がってしまう。

　教師が研究を遊びのように自由にできるには、まずは「余白」を空けることが不可欠となる。そうすることで「越境遊び」が生まれる余地ができる。その越境ができれば楽しさとクリエイティビティを招き、新しい発見や感動、感性などが得られて、「新しい世界」が開かれる。[7]

　だが新しい世界は、余白を開くだけでは実現せず、逆説的だが統制もいる。「人々が楽しむのは統制されているという感覚ではなく、困難な状況の中で統制を行っているという感覚」なのである。これは矛盾的な状況で、「人は保護された日常生活での安全をすすんで放棄しない限り統制感を経験することはできない。結果が不確定である時、またその結果を左右することができる時にのみ、人は自らを真に統制しているかどうかが分かるのである」(1996：77-78)。

第4節　おわりに：既存研究科でのインターン科目［適用例］

　以上のように、拘束、規則、いわば統制に直面するような遊びが、手段にとどまらず自己目的的に展開されるなら、越境が起こって、逆にその場と自分を

統制し返せるようになる瞬間も現われる。そこまで発展するスポーツやステージを経験できると、矛盾を越えられるか、もう少しでそうできそうと感じ、すべてをコントロールしている感覚が得られ、フローを自分自身に、また子どもたちとも起こせるようにもなろう。

　これ以上の要約はA〜Gでそれぞれ③に示した諸条件と重なるために割愛するが、『クリエイティヴィティ』の解説は「システムとしての創造性」が以下の三つからなるとまとめている。すなわち、記号体系の諸規則や手続きのまとまりからなる「領域」、その領域に新しい考えや成果を加えるべきか否かを決定する「分野の場」、そして領域から知識を獲得し、それに変化をもたらそうとする主体としての「個人」である（445-446）。本章は、総合・探究を論じたために、領域や分野の場を意図して越境した例を扱ったのだが、越境を目指したからこその「楽しさ」が見通せ、チクセントミハイが論じた以上に新しい何かを創造する余地が開いたといえよう。その余地において、共同活動を展開するという形で、総合・探究を変革することが可能にならないか。本章は、それが実現できる教師へと育つための条件を、A〜Gの7点にわたって明らかにしてきたものになる。なおその条件は、各教科や特別活動に応用できるだろう。

　最後に、大学院の実習例に応用してみたい。横浜国立大学大学院教育学研究科の旧・教育実践専攻に教育インターンという科目があった。この科目の満足度はきわめて高かったのだが、実習の場や研究テーマ（いわば領域や分野）の設定を院生個人（あてがない場合は指導教員）に任せたからと考えられる。2単位分の時数を満たせば、好きな場所と時限、内容でいいとし、学校以外の幼稚園・保育園や博物館も認めた。(8)しかも、インターンだけでなくリサーチも可とし、修論での研究に活用することが大いに奨励された。教育インターンと修論を融合させた院生は、自分が記録したいと思い、かつ他者に知らせたいと思ったわけで、本章で見たようなフローの条件があてはまり、さまざまな越境が経験できたと思われる。

　同様に、学校の総合・探究もまた、自分の活動だというこだわりを大切に、場所、時間、内容などの設定を任せることで、フローが経験できるようにする

点で教師や大人が支援できれば、研究へと高められるだろう。

　今後、総合・探究も教師教育も「楽しく」変わる方向で、フローの条件とその事例について考察し、教師教育の「グランドデザイン」の具体化を図りたい。フロー実現の手がかりは「越境遊び」にこそあり、というのが本章の主張である。

注

(1) 金馬国晴「戦後初期コア・カリキュラムの「形態」としての問題と可能性──「明石プラン」の改訂過程を手がかりに」日本教育方法学会編『教育方法学研究』32号、2007年、37-48ページ、他。
(2) 金馬国晴「教師の生涯学習における遊びの意義──学習権宣言と子どもの権利条約を手がかりに」日本教師教育学会編『日本教師教育学会年報』32号、2023年、110-122ページ。
(3) 金馬国晴「風穴をあける越境の遊びへ──楽しさ、思い出、企み」教育科学研究会編『教育』6月号、2023年、86-91ページ。
(4) M・チクセントミハイ著、大森弘監訳『フロー体験とグッドビジネス──仕事と生きがい』世界思想社、2008年（原著2003年）も参照した。
(5) 専門的には、心理的エントロピーの反対のネゲントロピーとされる状態で「より強い自信のある自己を発達させている」（1996年、51ページ）状態である。
(6) ドナルド・A・ショーン著、佐藤学・秋田喜代美訳『専門家の知恵──反省的実践家は行為しながら考える』ゆみる出版、2001年で「反省的実践家」の概念が提起され、本著の全訳が柳沢昌一・三輪建二訳『省察的実践とは何か──プロフェッショナルの行為と思考』鳳書房、2007年で示された。
(7) 鈴木大裕「学校に欠けている余白と「遊び」」教育科学研究会編『教育』2023年7月号他を参照。
(8) 横浜国立大学大学院教育学研究科の紀要である『教育デザイン研究』の第5号に報告群がある。例えば渡辺雅仁「『教育インターン』優良実践報告集」(25ページ)に、アンケートで8割を越える院生が満足と答えたことが、また近藤麻里奈「教育インターン実地報告」(41ページ)に博物館調査の結果が示されている。

第2部

教職課程カリキュラムを問う

・第5章
日本の「大学における教員養成」カリキュラムを展望する

●岩田康之

第1節　近代日本の教員養成と「大学」をめぐる論点 ●————

1.「大学における教員養成」の原基

　日本の「大学における教員養成」と教員免許状授与の「開放制」は、戦後改革の二大原則であると理解されることが多い。しかしこの二大原則は、理念としても実態としても戦前の、近代公教育の発足期からその原基を持っていた。

　1872年の「学制」（第四一章）では中等学校教員の資格について「二十五歳以上ニシテ大学免状ヲ得シモノ」となっていた。その後1877年の東京大学（のちの帝国大学）設置を嚆矢として大学の整備も進むが、1887年に帝国大学に招かれてドイツ語と教育学を講じたエミール・ハウスクネヒト（1853 - 1927）の建議に基づいて文科大学に中等教員の養成を主目的とした「特約生教育学科」が設けられている。さらに後述するように1919年に文科大学の哲学科の教育学講座が五講座に増設されて教育学科として独立したのも、臨時教育会議の答申に基づいて中等教員養成を拡充することがその主目的であった。言うなれば「大学における教員養成」は、中等学校（中学校・師範学校・高等女学校）教員については近代日本の公教育の始まりからの原則であった。

　ただし大学のみで中等学校教員の供給のすべてを担うことは困難であり、また旧制の大学は教員養成を主目的とする機関ではなく、教員養成をその一部の機能として持つにすぎなかった。中等学校の教員養成を主目的として組織的に行う機関として最初に設けられたのは東京師範学校（官立）の中等師範学科（1875年＝後の東京高等師範学校）であった。以後、東京女子高等師範学校

（1890年）・広島高等師範学校（1902年）・奈良女子高等師範学校（1908年）等、中等学校教員の目的養成機関としての高等師範学校が整備されていくこととなる。このように、日本における中等学校教員の養成は「大学」と「高等師範学校」の二本立てで始められたのである。

2. 大学・教員養成カリキュラム・教育学をめぐる論争

　中等学校教員の免許制度については、1900年3月に制定された「教員免許令」（勅令第一三四号）によって包括的な規定がなされた。そこでは目的養成機関としての高等師範学校（および官立学校に付設された臨時教員養成所）の卒業者のほか、文部省が行う検定に合格した者に免許が与えられることとなった。この検定は文部省が直接行う試験検定（文検）と、文部省の指定や許可を受けた大学・専門学校等の卒業者を対象とした無試験検定（書類審査のみで免許状を認定）との二種類に分かれる。つまり旧制度下の中等学校教員の免許状取得ルートは、高等師範学校・その他教員養成所・大学（無試験検定指定学校）・公私立専門学校等（無試験検定許可学校）・試験検定（文検）の五つであった。

　このうち大学と高等師範学校の関係は、日本においては独特の緊張を孕んでいた。前述のように、1917年に設置された臨時教育会議は「師範教育ニ関スル答申」（1918年7月24日）の第一三項で「文科大学ニ教育学科ヲ置キ其ノ施設ヲ完備スルコト」と提言し、これに基づいて東京帝国大学の文科大学の教育学講座が増設されて教育学科が創設されることになる（現在の東京大学教育学部の前身）が、この過程でなされた嘉納治五郎（東京高等師範学校長）と江木千之（貴族院議員）の論争は、教員養成カリキュラムのあり方を考えるうえで重要である。以下、川村肇の整理に依る形でこの論争を見てみたい。

　嘉納は高等師範学校の年限を延長して師範大学とすることを主張していた。その論拠としては、無試験検定の（許可学校出身の）教員は専門だけを学んで教員になるので「甚だ不十分」であり、対して高等師範学校は（1）専攻の学科に限らず学んでいる、（2）寄宿制度がある、（3）教授技術を細やかに学んでいる、（4）「教育ト云フ其道ニ依ツテ国家社会ニ出来ル限リ大ナル貢献ヲスル」よ

うな教員を養成している、等の特徴を述べている。一方江木は大学に教員養成の責任を負わせるうえで文科大学等と並立させて教育科大学（あるいは教育学科）を設置することを主張した。その論拠は、大学では知識は授けているが道徳上の教育や教育学、教育経験などに不安があるため、(1) 教育学研究、(2) 内外教育の歴史の研究、(3) 教育制度の研究、(4) 教育心理学、(5) 社会教育、(6) その他を責任もって教育研究する体制が必要だということにあった。⁽¹⁾嘉納が教師の精神面に注目し、教育技術を学ぶことを重視したのに対し、江木は教師の学識を重視し、その基軸となる教育学研究の充実を訴えたのである。

　この両者を折衷する形で、答申においては文科大学への教育学科設置（第一三項）と併せて高等師範学校への研究科設置（第一〇項）、および大学と高等師範学校との連携強化（第一四項）の提言がなされるが、嘉納の主張した師範大学の創設は見送られた。これはほぼ同時期の中国において北京高等師範学校を母体として北京師範大学が創設された（1923 年。のち 1931 年に北京女子師範学校を併合）のと好対照をなす。詳しくは他の論考に譲るが、⁽²⁾その要因としては東アジアの儒教文化圏の教職が帯びる独特の精神性の涵養と、近代日本において整備されたヨーロッパモデルの大学との離齬があり、それゆえ教員養成に強く方向づけた大学を設けることが日本では忌避されたとみることができよう。

　なお、ここでの江木の主張に見られるように、大学において教員を養成する際に、教育に関する学問的な研究に根ざした高等教育を拡充することでその基軸をなすべきという見解がこの時期に説得力を持っていたことは注目に値する。これは先に述べた「特約生教育学科」の流れを汲むものであるとともに、のちの戦後教育改革期の議論にも投影されることにもなるのである。

3.　近代初期の「開放制」

　一方、臨時教育会議の答申では、大学や高等師範学校以外の中等学校教員の供給ルートとして、無試験検定の許可学校（第一七項）および試験検定（第一八項）の併存がされることとなり、こうした補完的ルートは以後の教員供給の相当数を担った。一例として、1929 年度における中等学校教員免許状取得者の種

別ごとの内訳を見ると高等師範学校卒業者（14.4%）・その他の教員養成所修了者（8.5%）・大学卒業者（無試験検定指定学校＝19.8%）・その他専門学校等卒業者（無試験検定許可学校＝34.2%）・試験検定合格者（23.1%）となっており、中等学校教員の最大の供給源は無試験検定の許可を得た専門学校等の卒業者だったのである。「日本の近代中等教育教員の養成は、初等教育教員の養成と対比すると、はるかに開放的な制度構造を、その発足当初から持っていた」という寺崎昌男の指摘[3]は、この点で正鵠を射ている。また、旧制の専門学校や各種学校、高等女学校専攻科等の中等後教育機関が中等学校教員に関する無試験検定の許可を得るプロセスは、戦後1953年の教育職員免許法改訂で導入された課程認定のそれにほぼ踏襲されている[4]。官立の高等師範学校以外に公私立の専門学校など、多様な主体が教員養成に参画しうるという意味で「開放制」の原基は戦前期に求められるのである。

　ただし、中等学校教員の無試験検定の許可学校における教員養成は、戦後の課程認定と比べて少なくとも以下の二点で異なることに注意が必要である。

　一つは先に引いた嘉納の批判にあるように、無試験検定許可学校のカリキュラムが専門教育中心で、教職関連の科目を教育する体制が脆弱だったことである。許可のプロセスにおいては「教員志望者ニ対シ教員養成上必要ナル施設」の審査がなされ、教育学概説・教育史・学校管理法および各科教授法の授業科目の開設や、教生（教育実習）の計画等の具体が求められてはいるものの、専門科目の場合と異なり担当教員の履歴（学位・業績等）の審査はこれらの担当者に対してはなされていない。

　もう一つは、無試験検定の許可学校において、卒業生個々の学力は文部省・教員検定委員会によってチェックされていたということである。各許可学校は卒業生についてそれぞれの出席状況や成績、卒業判定に用いた試験問題のコピー等を教員検定委員会に提出し、審査をパスした者のみが免許状を得られたのである。指定学校となっていた大学の卒業生と異なり、許可学校であった公私立の専門学校の卒業生に対しては、卒業と免許状授与はイコールではなく、中央政府（文部省）が直接に介在していたのである。

　つまり、国公私立のさまざまな教育機関が教員養成に参画するという意味では戦後の「開放制」に近いシステムでもあるが、「大学における教員養成」以外にさまざまな代替ルートが教員供給の相当部分を担っていたとも捉えられるのである。

4．戦後の「二大原則」を考える前提

　以上のように、日本の「大学における教員養成」と免許状授与の「開放制」は、中等学校の教員養成についていえば、近代初期にその原基が求められる。また、教員養成において学問性を重視するか教育者の精神面を重視するか、さらには教員養成カリキュラムにおける教育学は教育に関する研究なのかそれとも教育方法への習熟なのか、といった議論も古くからなされていた。

　その一方で近代初期の日本では、初等学校（小学校・国民学校）の教員養成を大学において行うという理念も実態もなかった。1872年の「学制」では小学校教員の資格について「年齢二十歳以上ニシテ師範学校卒業免状或ハ中学免状ヲ得シモノ」とされており、中等教育レベルの師範学校での養成が基本であった。官立の師範学校がまず1872年に東京に設けられ（のちの東京高等師範学校）、その後大阪・仙台・名古屋・広島・長崎・新潟の各地、および東京の女子師範学校（のちの東京女子高等師範学校→お茶の水女子大学）が創設されるが多くは短命に終わり、1878年段階では東京の二校が残るのみとなり、以後は主に中等学校教員養成を担った。その一方で各府県に設けられた小学教則講習所等を母体とした府県立の師範学校や、高等女学校（専攻科・師範科等）等の中等教育機関が近代初期から初等学校の教員養成の大半を担うこととなったのである。これら府県立の師範学校は、中等学校段階に位置するという教育水準の問題に加え、教授要目による教育内容や学科課程の直接統制がなされるなど、「大学における教員養成」とは大きな隔たりがあるものであった。

　以上のような経緯を踏まえ、次節以下で戦後の日本における「大学における教員養成」のカリキュラムを考えるうえでの諸課題を探っていくこととしたい。

第 2 節　戦後教育改革と「大学における教員養成」の展開

1. 教員養成を「大学」で行うことの意義

　日本の教員養成において「大学における教員養成」の持つ意味は、TEES 研究会によれば第一に「教員養成が第三段教育において行われる」こと、第二に「教員養成が学問の自由や研究に裏打ちされた教育として行われる」こと、そして第三に「『大学の自治』が教員養成に適用される」こと、とされている。⁽⁵⁾戦時下までの初等学校教員の養成が基本的には中等教育段階で、強い国家統制の下に行われたこととの対比において、この原則の持つ意義は大きい。高等教育段階で研究に裏打ちされた教員養成が行われることは、公教育を学識ある専門職としての教師に委ねるうえできわめて重要である。

　加えて、戦後教育改革においては、6-3-3-4 の単線型学校制度への移行が行われ、旧制の大学のほか、専門学校等の高等教育機関・中等後教育機関が新制の「大学」に一本化された。その中で各府県に設けられていた師範学校（1943年より官立移管、専門学校と同程度の中等後教育機関となっていた）も、新制の国立大学における教育学部・学芸学部となったのである。

　ここで注意すべきは、戦時下までにあった教員免許状取得のための代替ルートのほとんどが廃止され、初等教育・中等教育いずれにおいても大学という場で養成教育を受けて免許状を取得することが原則となったということである。言い換えれば、教員養成すなわち教員免許状取得までの入職前の教育は大学がもっぱら担うものであり、大学以外の主体はそのプロセスに介在しない、という含意を戦後日本の「大学における教員養成」原則は帯びている。その後例えば 2004 年に東京都教育委員会が教師養成塾と銘打って入職前の学生を対象にしたプログラムを提供しはじめた際に大学側から「大学における教員養成の原則を冒す⁽⁶⁾」という文脈での批判が起こったのも、こうした含意が共有されていることの現れである。

　また、教員養成に限らず、戦後の高等教育が新制の大学に一本化され、官立のさまざまな高等教育機関が「一府県一大学」原則の下に国立の総合大学とし

て再組織された背景には、専門の枠を超えた幅広い一般教養（リベラル・アーツ）を新制大学のカリキュラムの基盤に置くという理念があった。この点に関して、当時の文部省で教育刷新委員会の議論に関わっていた日高第四郎は「専門バカをつくるな」という表現で回想している。[7] 旧制大学においては「専門以外は関知せずという専門バカをつくり易かった」一方で師範学校では「自立した主体なしに教えることだけが専門であるというような専門バカ」が生まれていたとの反省に立って、「大学は学問研究の場であると同時によりよき市民としての広い視野と深い教養を持つ人間の育成の場」であるべきだ、としたのである。

　ただし、この時の高等教育改革においてリベラルアーツが重視された一方で、新制大学における学問研究のディシプリンは、戦後に生まれた学部に関して突き詰められることはなかった。[8] 戦後日本に誕生した「学芸大学」「学芸学部」は「学芸学」の教育研究を行うというよりは、広汎な学問領域を横断する学士レベルの教育組織としての意味合いが強い。教育学部も、先に述べた東京帝国大学の教育学講座のように教育学のアカデミックな研究を行う組織を母体としたもの以外に、多くの旧制師範学校を母体とした同じ名称の学部が誕生し、後者は課程－学科目制の教育組織の中で特定の科目に連なる学問分野を軸にカリキュラムが構成されることとなったのである。

　こうした展開の中で戦後の「大学における教員養成」が行われるようになったことが、その後のさまざまな錯綜や混乱に投影されている。その最たるものは国立教員養成系大学・学部と一般大学・学部との二系統の並立である。前者は府県立の師範学校を母体とし、戦後も一府県一大学原則の下に配置されているがゆえに地方教育行政（教育委員会）との対応関係が強く、また課程－学科目制の教育組織は教員養成（特に小学校のそれ）と親和性が強い。対して後者の多くは旧制の専門学校等で中等学校教員無試験検定の許可学校であったところを前身とし、各専門の「学科」をベースにオプショナルな教職課程を置いている。[9] 地方教育行政との関係は全般的に前者ほど密ではない。

2.「開放制」と「教育学部」：大学組織の多様性と錯綜

　教育刷新委員会の第一回の建議（1946 年 12 月 27 日）では、「教員の養成は、綜合大学及び単科大学において、教育学科を置いてこれを行う」こと、すなわち全ての学校種の教員の養成について、教育学科を必置とすることを提案していた。教育学のアカデミックな研究を行う組織を設けてそこを基軸に教員養成を行うべし、とする提案は、先に述べた臨時教育会議における江木の主張の延長線上にある。歴史に「もし」は禁物であるが、もしこの建議がそのまま活かされていれば、その後の「開放制」の展開や質保証のありようは、現在ほどの錯綜や混乱を生じさせてはいないだろうと思われる。

　しかしながらその後に教育刷新委員会では修正が加えられ、第 34 回総会（1947 年 5 月 9 日）で採択された「教員養成に関すること（其の一）」では、教員養成は「教育者の育成を主とする学芸大学を終了又は卒業したる者」「綜合大学及び単科大学の卒業者で教員として必要な課程を履修した者」等で行うこととされた。前者が国立教員養成系大学・学部に、後者が一般大学・学部に、それぞれ相当しており、二系統の並立はここから始まったといえる。

　その後、1953 年の教育職員免許法改訂で課程認定制度が導入され（おおむね 1955 年度の新入生から）、各大学が設けるべき「教員として必要な課程」の具体相とその許認可の手続きが定められ、この課程認定制度とその運用が、日本の「大学における教員養成」のカリキュラムの外枠を現在に至るまで規定している。ここで注意すべきは、第一に、小学校・幼稚園の教員養成に関しては「教員養成を主たる目的とする学科等」の設置が要請されたこと、そして第二にいわゆる教職課程の設置に際する審査は教育職員免許法施行規則に基づいて所定の科目が置かれているか否かについて行われたことである。それゆえに「開放制」原則下においても、小学校・幼稚園教員の養成と中学校・高等学校のそれとは異なる組織原理で行われ、各大学の教職課程はさまざまな教育組織の形態で設置されることとなった。そしていずれにおいても、「大学における教員養成」原則の下での「大学」全体のあり方が問われることはなかったのである。

　それゆえ日本の「大学における教員養成」の統一的把握は困難を極める。

TEES 研究会の一連の研究では戦後改革期以降の「大学の中で教育学研究、教育学教育、教員養成の少なくとも一つを担うセクション」[10]をカギ括弧つきの「教育学部」として、旧制度からの連続・非連続をネーションワイドに検討しているが、そこでは 1960 年代における一般大学・学部の「教育学部」を教育系の学部・学科を持つところと持たないところに大別し、前者を（A）旧制度下で「高等師範部」を置いて中等学校教員養成を行っていた組織を引き継いだもの、（B）新制大学に初等学校教員養成を行うために新たに設けたもの、（C）既存の大学の学部・学科増設の動きの一環として設けられたものの三種、後者の旧制度下の大学や専門学校を（D）課程認定制度の導入に伴って学部内に教職課程を設けたもの、（E）無試験検定の許可を受けていた学科等を継承した組織に教職課程を設けたもの（主に単科大学）、（F）課程認定制度の導入に伴って複数の学部に分属させて教職課程を置いたもの、（G）課程認定制度の導入に伴って、学部横断型の教職課程組織を置いたものの四種、計 7 種のカテゴリーに分類して分析を行っている。[11]しかしながら例えば日本大学のように、旧の高等師範部を継承した文理学部教育学科（A）と、他学部それぞれに置かれた教職課程（F）が並立したり、あるいは立教大学のように文学部心理教育学科（のちの教育学科）を設ける（B）一方で同じ文学部内に他学部の学生を対象とした教職課程（学校・社会教育講座）を併置（G）したりなど、新制大学の「教育学部」、特に教員養成のための学部段階の教育組織の態様は錯綜している。しかも特に後者の「教育学部」は、大規模な総合大学において、他の組織とは異質な部分として認知され、それゆえに大学の組織の中に位置付くきにくい状況が生じてきた。この点で寺﨑昌男が、東京大学教育学部から立教大学文学部学校・社会教育講座に異動した自らの経験を踏まえて、一般大学における教職課程の位置づけを「自動車学校」「盲腸」という比喩を用いて 1990 年代の時点で論じているのは興味深い。[12]

　医師・薬剤師・獣医師・看護士等とは異なり、日本で教員免許状を取得するに際して政府の行う資格試験はない。旧制度の無試験検定許可学校の卒業生を対象になされていたような、政府による学力水準のチェックもない。それゆえ

教職課程だけが「学部カリキュラムの修了が資格取得に直結」するという意味で「自動車学校」に近い性格を持ち、しかも「教育職員免許法という国会の立法権に属する法律によって定められ、その立法過程に大学が参画する余地は極小」であるため「教職課程は、大学の意思によって決定することのできないカリキュラムを伴って大学に刺さり込んでくる、トゲのようなもの」となる。⁽¹³⁾

　また、一般大学が教職課程を置く際の意思決定は「創立者であったり経営側であったりすることが多く、学部あるいはそれに代わる組織の教員であることは少ない」ため、教職課程以外の大多数の大学教員にとっては「あってもなくてもよい」部分≒「盲腸」と認識される。「教職課程を設置すれば学生募集の際の魅力の一つになるのではないか」という判断で設けられた「盲腸」部分に対しては、課程認定行政の制約が強くなれば「こんな面倒なもの」は不要である、「教職につく卒業生がそんなに多くないなら、教職課程などなくてもいいのではないか」⁽¹⁴⁾というような議論が時に生じる。これを寺﨑は「盲腸」が時々痛む、と表現している。

　こうした位置づけゆえに、「大学における教員養成」という原則はありながら、一般大学、特に大規模な総合大学において教員養成のカリキュラムを大学全体で主体的に構築していくという発想は、大学内で共有されにくい状況にある。その一方で課程認定行政は、認定を受けた教育組織のカリキュラムにおいて、免許種ごとに置くべき科目が、適切な内容構成と担当者によって開設されているか否かのチェックは行われるものの、カリキュラムのそれ以外に関するチェックは弱い。そして「教育学部」の組織の多様さ故に、特に一般大学の教職課程は大学評価の枠組みにもなじまない。それゆえ「大学における教員養成」の取り組みが「大学」それ自体のものとして問われる機会も乏しいのである。

3.「領域」としての初等学校教員養成の展開

　一方初等教育、特に小学校の教員養成については、先に述べたように課程認定基準において「教員養成を主たる目的とする学科等」を設置することが要件

とされたため、中学校・高等学校のそれとは異なる展開を生んだ。

　大学における中等学校の教員養成は通常、免許教科に関わるひとつの学問領域の教育・研究のディシプリンを基本とした学科のカリキュラムに、免許状取得を希望する学生を対象としたオプショナルな教職課程を設ける形で行われる。言い換えれば大学の教育機能の一部に教員養成が含まれる形であり、この「機能概念」による教員養成は近代初期からの日本で連綿と続いている。

　しかしながら、小学校では全科担任制を原則とすることから、特定の教科に寄せる形で専門科学のディシプリンを軸にしたカリキュラムになじまない。それゆえ、初等教育に明確に方向づけた学科組織を大学の中に一つの領域として設けることになる。この点に関わって横須賀薫は「特に幼児教育、小学校教育、障害児教育の教員養成を考えれば、これを『機能概念』とみることは、教育実践における技術的体系性の否定ないし軽視をみちびく」として「領域概念」を提唱した。

　実際には、師範学校を母体とした国立教員養成系大学・学部が、課程－学科目制の教育組織を設けて小学校教員の養成の多くを担う一方で、公私立の一般大学で小学校教員養成を行うところが比較的少数にとどまる状況が戦後永らく続いた。また1980年代から五つの分野（医師・歯科医師・獣医師・船舶職員・教員）に関わる大学の抑制策が実施され、「教員養成を主たる目的とする学科等」の新増設が禁じられたこともあって、小学校教員養成の主要なプロバイダは国立教員養成系（加えて若干の公私立）で、中学校・高等学校教員養成のプロバイダは主に私立の一般大学、という図式が定着していた。ただし、1980年代後半以降、2000年頃に至る国立教員養成系大学・学部の教員養成課程における学生定員の削減によって、21世紀初頭の段階で小学校教員の新規採用者における教員養成系大学と一般大学のシェアは拮抗する状況になっていた。

　ここで注意すべきは、小学校および幼稚園の教員養成の部分に置く「教員養成を主たる目的とする学科等」という「領域」が、特に総合大学における他の学部・学科等と比べて異質の構成原理を持つことである。言い換えれば初等教員養成だけが「大学における教員養成」の中で特殊な部分として捉えられ、大

学一般の中に位置づきにくいということでもある。

　このことは、2005 年に教員養成分野の抑制策が撤廃され、それを機に小学校教員養成に新規参入した私立大学のありようにも投影している。新規参入プロバイダの大半は幼児教育系の専門学校や短期大学が四年制大学に転換したところであり、既存の総合大学に初等教育に関する学科を増設したところにおいても、その多くは中学校・高等学校の教員養成とは別立てで運営されている。言うなれば、抑制策撤廃は特殊な部分の拡大として作用しているのである。

第 3 節　「大学における教員養成」カリキュラムをどう考えるか

1.　2020 年前後の政策動向の読み解き

　以上、近代初期から 21 世紀初頭に至る日本の「大学における教員養成」の組織とカリキュラムをめぐるシステム的な問題を俯瞰してきた。以下、近年の政策動向を踏まえつつ、今後のカリキュラムを考える方向性を示してみたい。

　2022 年 12 月 19 日に中央教育審議会が出した答申「『令和の日本型学校教育』を担う教師の養成・採用・研修等の在り方について～『新たな教師の学びの姿』の実現と、多様な専門性を有する質の高い教職員集団の形成～」においては、教員免許更新制の廃止と、それに代わる教員の研修履歴の管理などが打ち出されている。詳しくは他の文献にゆずるが、[17]教員養成カリキュラムを考えるうえでのポイントは、(1) 教員の質保証の比重が入職前の免許制度から、入職後の研修に移ったこと、および (2) その背景として、経済界からの教育への要請が強く影響していること、の二点になろう。

　この答申の「第一部 総論」には「他の会議体からの提案・要請」として官邸や経済産業省に関連する会議体から出された、今後の学校教育の担い手としての「外部人材の登用」に関する提言が盛り込まれており、それが研修履歴の管理を中央教育審議会が打ち出す論拠にもなっている。特別免許状の制度を活用して、課程認定を得た大学の所定のプログラムを経ない人材を教育界に取り込もうという提案は従来からあるものの、今回の答申においてはそれを具体化

するための前提条件を整えたとも読み取れるのである。

　そして、ここしばらくの教員不足を背景として、免許状取得のために大学で取得すべき単位の弾力化が進められてきてもいる。「義務教育特例」によって小学校と中学校の免許状を併せて取得する場合の共通科目が拡大され、また2022年度からの「教員養成フラッグシップ大学」においては二種免許状の必要単位数で一種免許状を発行できるような取り扱いも始められている。

　経済界による「外部人材の登用」への要請は、Society 5.0といわれる時代の学校教育の担い手として、既存の教員養成プログラムによるのみならず「多様な専門性を有する質の高い教員」が必要だ、というロジックに依っている。そこで求められる人材像は図5.1に示されている。

2. 「大学における教員養成」のカリキュラムの再構築へ

　図5.1において注目すべきは、高度専門職となる人材が身につけるべき力量

図5.1　Society 5.0時代の人材像

（出所）日本経済団体連合会「提言　新しい時代に対応した大学教育改革の推進―主体的な学修を通じた多様な人材の育成に向けて」2022年、9ページ。

が図示される中心に「リベラルアーツ教育」が位置づいていることである。これはまさに、戦後改革において「大学における教員養成」が始められるときの基本理念と一致するものである。そして、経団連の報告書においては、この高度専門職の具体例として残念ながら学校教員が想定されてはいない。ここに今後の「大学における教員養成」のカリキュラムを考えていく糸口がありはしないだろうか。

　免許制度への依存度合いが下がってきたということは、教員になる者が入職前の大学教育において共通に身につける部分が減ったということである。このことは、同時代的な教育課題に一対一対応で「実践的指導力」を身につけさせるというようなコンセプトで、コンテンツベースのカリキュラムを考えることがもはや不可能であることを意味している。だとすれば、大学教育の他の部分、特にリベラルアーツの部分に展開させていく外向きの発信こそが今後は重要になってくるのではないか。

　例えば「外国人児童生徒」の問題を、教育現場に固有の課題としては捉えず、異文化間コミュニケーションの課題として学士課程全体の中で、教職以外の進路を選ぶ者も含めた共通教養に取り込む。そのような発想をとり、教職課程からカリキュラムのあり方について外向きの発信をしていくことで、教職課程は「自動車学校」でも「盲腸」でもなくなっていく方向性が見えはしないか。

　先に引いた「自動車学校」の喩えに続けて寺﨑昌男は、教職教養のカリキュラムのあり方に関わって「『教育学的教養』の確立をもって将来の方向を定めようという見解もある」としながら「もし『ここからここまでは教育学的教養ですよ』という提示の仕方であれば、それは教職の必修領域をセットとして要求することになり、『自動車学校』を強化することになりかねない」と警戒している。この警句に今一度注目すべきではなかろうか。

注
(1) 川村肇「東京帝国大学教育学科の講座増設に関する一研究」『東京大学文書館紀要』第 9 号、1992 年、4-16 ページ。

(2) 岩田康之『「大学における教員養成」の日本的構造』学文社、2022年、47-48ページ。

(3) 寺﨑昌男「戦前日本における中等教員養成制度史――『開放制』の戦前史素描」日本教育学会教師教育に関する研究委員会編『教師教育の課題』明治図書、1983年、346ページ。

(4) 大谷奨「第Ⅲ部第4章　1954年教育職員免許法改正前後における中等教員養成の展開」TEES研究会編『「大学における教員養成」の歴史的研究――戦後「教育学部」史研究』学文社、2001年、341-347ページ。

(5) TEES研究会「終章「教育学部」の課題と展望」TEES研究会編、同上書、414ページ。

(6) 蔵原清人「東京教師養成塾と「大学における教員養成」」『日本教師教育学会年報』第15号、学事出版、2006年、50ページ。

(7) 東京学芸大学二十年史編集委員会（1970）『東京学芸大学二十年史』1970年、11ページ。

(8) 岩田、前掲書、2022年、62ページ。

(9) 岩田康之「日本の教員養成と公教育システム」日本教育学会『教育学研究』第75巻4号、2008年、370ページ。

(10) 木岡一明「序章　戦後「教育学部」史研究の課題」TEES研究会編、前掲書、17ページ。

(11) TEES研究会編『「大学における教員養成」の歴史的研究――戦後「教育学部」史研究』学文社、2001年、456-461ページ。

(12) 寺﨑昌男「大学の改革課題と教師教育・教職課程」『日本教師教育学会年報』第3号、日本教育新聞社、1994年、8-17ページ。

(13) 同上、9-10ページ。

(14) 同上、10-11ページ。

(15) 横須賀薫『教師養成教育の探究』評論社、1976年、66-67ページ。

(16) 岩田、前掲書、2022年、117ページ。

(17) 日本教師教育学会編『「令和の日本型」教育と教師　新たな教師の学びを考える』学文社、2023年など。

(18) 寺﨑、前掲論文、1994年、15ページ。

・第 **6** 章
学士レベルを超えた教員養成の現状と課題

●福島裕敏

第1節　はじめに

　戦後日本においては「大学における教員養成」「開放制」を原則とし、世界に先駆けて学部レベルにおいて教員養成が行われてきた。しかしながら、学部レベルを超えた（以下、修士レベル）教員養成は、教職の専門職化、教師の職務の複雑化や高度化、社会全体の高学歴化、さらには知識基盤社会への移行等、その都度都度の教職を取り巻く状況変化への対応として、その必要性が提起されてきたものの、国際的動向において修士レベル化が進む中で、日本での対応の遅れに対して危惧を抱く者も少なくない。

　本章では、まず教育社会学者バーンスティン（B. Bernstein）に依拠しながら教員養成を一つの〈教育〉言説として捉え、その知識基礎を考えるうえでの枠組みを示す。次に、戦後日本における修士レベル化をめぐる政策動向について歴史的に検討し、その現状と課題について明らかにする。そのうえで、修士レベルの教員養成を基礎資格とすることを提起するグランドデザインの含意について筆者なりの見解を示すこととする。

第2節　〈教育〉言説論としての教員養成

1.〈教育〉言説

　教員養成をめぐるさまざまな提言は、一つの〈教育〉言説（pedagogic discourse）として捉えることができる。バーンスティンによれば、〈教育〉言説は再文脈

化原理によって構築されており、「この原理はそれ自身の秩序を構成するため
に他の諸言説を選択的に充当し、再配置し、再焦点化し関係づけるものであ
る[(1)]」。例えば、さまざまな学問分野の中から、教職課程としてどの分野を選択
し、また教職課程向けの科目として位置づけ、どのような内容や方法に焦点を
当てるのか等は、この再文脈化原理に基づいて行われる。

　〈教育〉言説は、「教授（instructional）言説」が「規制（regulative）言説」
の中に埋め込まれた一つの言説である。「教授言説」は「さまざまな種類のス
キルとそれらの相互関係の言説」であり、「規制言説」は「さまざまな種類の
スキルとその相互関係を創出するルールと、社会秩序を創出するルールを埋め
込んでいる[(2)]」。規制言説が支配的なのは、教員養成の文脈に即していえば、例
えば、養成すべき教員をどのように定義づけるのかによって、教員養成課程で
学ぶべき内容も方法も変わってくるからである。この「教授言説」「規制言
説」は、それぞれ教員の「専門性」「専門職性」に対応しているといえる。

　また再文脈原理は再文脈領域と再文脈機能をもった担い手を創出し、この再文
脈化機能によって特有の〈教育〉言説が創出される。再文脈化領域は、国家が
支配する「官僚的再文脈化領域」（Official Recontextualization Field ）と学校や大
学の教員等からなる「〈教育〉的再文脈化領域」（Pedagogical Recontextualization
Field）とを区別することができ、前者の影響が強まれば〈教育〉言説とその実
践の自律性は縮減されることとなる[(3)]。

2. 〈教育〉言説のモデル

　バーンスティンは、コンペタンス（competence）・モデルとパフォーマンス
（performance）・モデルとの二つの言説を対照させている。前者は、獲得者がす
でに持っているコンペタンスの実現に強調点がおかれるのに対して、後者は特
定化・成層化・序列化された知識やスキルや手続きの達成におかれる[(4)]。

　うち、パフォーマンス・モデルは、「個別学（singulars）」「領域学（regions）」
「一般的スキル（generic）」の三つのモードに分類される。「個別学」モードは、
数学や心理学といった学問固有の知識と方法を知識基盤とし、その伝達／獲得

を求めるものである。一方、「領域学」モードは、個別学の再文脈化を通して、諸学問の知的な場と外的実践の場との両方で動くより大きな単位として構築されたものであり、諸学問とそれが可能にする技術との接触面である。「領域学」モードの例として、バーンスティンは工学、医学、建築学等を挙げているが、教員養成もその一つとして位置づけることができる。この「領域学」モードにおいては、外的実践がもつ複雑性や文脈性を考慮する必要がある一方で、学問分野としての知識基礎や方法に関する要件を一定程度満たすことが求められるが、このことは教員養成においては「理論と実践の統合／往還」「理論の実践化」「実践の理論化」として論じられてきた。また久冨善之は教員改革の動向を「実践基盤性」と「研究基盤性」という視点から分析しているが、その区別は「領域学」の性格を分類するうえで有効と考える。「一般的スキル」モードは、「短期変動主義（short-termism）」と呼ばれる経済状況のもとで生じるスキル・課題・労働分野の発展・消滅・再編という変動を持続的に受け止め、労働・生活の新たな要請に対処していく「訓練可能性（trainability）」の開発を指向するものである。[6]

第3節　学士レベルを超えた教員養成をめぐる政策動向

1. 現職教員の研修を目的とする新構想の大学院の創設

　修士レベルの教員養成について、政策文書において明確に示されたのは、1971年中央教育審議会（以下、中教審）答申であった。[7]続く1972年教員養成審議会（以下、教養審）建議は、教職は「高度の専門職業人」であり、「教員が生涯を通じ常に研修を積み重ねてその専門職としての資質能力を高めていくことが、教育の質的な向上にとってきわめて重要なことである。このような教員の努力を助長するため、現職教員の研修を目的とする新しい構想による大学院を創設するなど教員の研修の体制を整備する必要がある。」と述べている。

　そこには「『専門職としての教師』という教職観にもとづく資質能力観が存在する」と同時に、そうした資質能力は養成・採用・研修を通じて形成される

という「教師教育の『統合と連続性』認識が存在して」おり、「1966年からの教員養成系大学・学部の大学院設置・普及と相まって、教員養成と現職教員の教育・研修と研究を統一して対象とすることの客観的必要性と契機を生み出したことになった」。一方、同建議では、「この大学院は、教職におけるすぐれた実績と能力を有する現職教員で、任命権者の推薦を得た者に対して、教育課程の理論、実際的な教育指導の方法、教育の専門的な事項、学校経営など教職に必要な高度の専門的な研修を行わせることを主眼とする」とされており、学校現場における実践を指向する「領域学」モード化を提起するものであった。

2.　修士課程修了程度を基礎資格とする免許状の創設

　修士課程修了程度を基礎資格とする免許状の創設については、1972年教養審建議でも提起されていたが、それが実際のものとなるのは1983年教養審答申、1988年同答申を経た1988年の教育職員免許法改正においてであった。1988年教養審答申は、養成・採用・研修・現職教育の各段階を通じて総合的に、「現下の教育課題を解決し、教育の質的水準を高めるために、従来にも増して、教員の資質能力の向上を図ることが強く要請されている」という認識のもと、教員の知識基礎を「実践的指導力」と位置づけ、教育問題の複雑・多様化への対応として、学士レベルにおける教職科目の単位数の引き上げ、現職教育における初任者研修の制度化と現職研修の体系化を提起するものであった。

　ただし、専修免許については、「修士課程等において特定の分野について深い学識を積み、当該分野について高度の資質能力を備えていることを示すもの」と述べるに止まり、実際、専修免許状取得に際しては、「教科又は教職に関する科目」計24単位と定められている以上の内容的な基準はなく、専修免許取得保持者のみの排他的職域の設定もなされておらず、また積極的に取得を奨励するインセンティブに乏しいものであった。ここでは外的実践領域との接面は強く意識されておらず、教科専門や教育学等の「個別学」が知識基礎として強く意識されていたといえる。なお、1996年までに全ての国立教員養成系大学・学部に修士課程が設置されていくが、これらのことは、後に国立教員養成

系大学・学部の修士課程への厳しい批判を招くこととなった。⁽¹¹⁾

3. 修士課程を積極的に活用した教員養成の在り方

　1998年教養審第2次答申は、「これからの教員には、学校教育をめぐる諸課題に主体的に取り組み、日々の教科指導、生徒指導等を創造的に実践し、変化の激しい新たな時代に適切に対応することができるよう、自らの力量を不断に高めていくことが求められることとなる。そして、そのための資質能力は、養成・採用・研修の現状からすれば、学部等において修得した教員に求められる最小限必要な資質能力を基盤とし、大学院において教育を受け研究を行うことによって、最も効果的に修得することができるものと考える。」とし、現職教員の「再教育」の研修機会として、修士課程を積極的に位置づけている。

　その背景として、変化の激しい時代において主体的に「生きる力」の育成、「カウンセリングマインド」等による生徒指導上の問題への対応、学校の自主性・自律性の確立、学校・地域・家庭との連携等といった「学校教育の基調の転換」が指摘でき、それに対応するための職能成長論、学校組織論、教育連携・協働論に基づく新たな教員の専門性の獲得の機会として修士課程レベルが位置づけられた。⁽¹²⁾それは、コンペタンス・モデルへの転換を基調とする学校の自律性の高まりと学校内外の「分類」の弱まりがみられる中で、「研究基盤性」に基づく教員の専門性の高度化を図るものであったといえよう。

　ただし、そこでは1998年大学審議会答申において提起されていた修士課程における「高度専門職業人養成」が強く意識されており、「現職教員に着目した場合、（中略）それぞれの現職教員の職務内容や免許状の種類に応じた教科、教職、特殊教育又は養護の分野における専門職業人に必要とされるより高度の資質能力が考えられ」、「それに関わる専門知識は、単に抽象的なものでなく、それを教育指導において実際に柔軟かつ創造的に使いこなし得る実践性へと発展していくものでなければならない。」とされていた。また1997年教養審第一次答申では、学部レベルにおいては、教科専門の単位数の大幅な減少と教職科目の増加による教員としての「最小限必要な資質能力」の育成が提起されてお

り、「実践基盤性」を強く指向するものであった。

4. 教職大学院制度の創設

　2006年中教審答申において教員養成についての大学院専門職学位課程である教職大学院の創設が提言された。その理由として、「近年、我が国では、社会の様々な分野において、専門的職業能力を備えた人材が求められるようになっている。専門的職業の一つである教員についても、社会構造の急激な変化や学校教育が抱える課題の複雑・多様化等に対応し得る、より高度な専門性と豊かな人間性・社会性を備えた力量ある人材が求められている」ことを挙げている。この教職大学院制度は、実務家教員の採用、デマンド・サイドとの連携の重視、第三者評価等による不断の検証・改善システムの確立のもと、「教職に求められる高度な専門性の育成への特化」により「『理論と実践の融合』の実現」や「確かな『授業力』と豊かな『人間力』の育成」を通じた「高度専門職業人」の養成を目指すものであった。

　すでに1998年教養審第2次答申において、修士課程における高度専門職業人養成が提起されていたが、本答申はそれについて「ともすれば個別分野の学問的知識・能力が過度に重視される一方、学校現場での実践力・応用力など教職としての高度の専門性の育成がおろそかになっており、本来期待された機能を十分に果たしていない」と厳しく批判し、教職大学院制度の創設により高度専門職業人養成の格段の充実、機能強化を図るとしている。三石初雄は、1998年大学審議会答申で構想されていた「専門大学院」から2002年中教審における「専門職大学院」への変更は、「高度専門職業人養成では研究能力の育成は必須ではなく、『深い学識』と『卓越した能力』が授業と実習を通して身に付けば十分であるという旧来の『付加的』学習観と経験・実習を過信する教育観が基礎になっている」と指摘している。⁽¹³⁾同答申は、学部レベルについては「教職実践演習」の新設による「大学の教職課程を、『教員として最小限必要な資質能力』を確実に身に付けさせるものに改革する」ことを、また現職教員については「免許更新制」の導入による「教員免許状を、教職生活の全体を通じて、

教員として最小限必要な資質能力を確実に保証するものに改革する」ことを掲げており、教員免許状を通じた「実践基盤性」の強化を図るものであった。

5. 教員養成の修士レベル化

　民主党政権末期に出された2012年中教審答申は、「教員養成を修士レベル化し、教員を高度専門職業人として明確に位置付ける」とし、「探究力、学び続ける力、教科や教職に関する高度な専門的知識、新たな学びを展開できる実践的指導力、コミュニケーション力等を保証する」、「学部4年に加え、1年から2年程度の修士レベルの課程での学修を標準」とする「一般免許状（仮称）」を創設することを提唱した。その背景として、「グローバル化や少子高齢化など社会の急激な変化に伴う、求められる人材像、学校教育に求められる役割や内容の変化を踏まえ」、「子ども自身が自らの主体的な関心に基づいて課題を探究していく」新たな学びに対応するため、学部レベルでの基礎的学修を踏まえて「大学院レベルで自ら課題を設定し、学校現場における実践とその省察を通じて、解決に向けた探究的活動を行うという学びを教員自身が経験した上で、新たな学びを支える指導法を身に付ける必要がある」ことを挙げていた。

　同答申は、これまでとは異なり、学部レベルの教員養成を「完成教育」として位置づけず、大学院レベルでの学びを教員としての知識基礎として位置づけている。それは、コンペタンス・モデルを指向する「新たな学び」の実現には、実践をデザインし省察しながら探究していくことを可能とする、修士レベルにおける「研究基盤」的な高い専門性が必要であるという認識に基づいていた。また、こうした専門性は、「教職生活全体を通じて、実践的指導力等を高めるとともに、社会の急速な進展の中で知識・技能が陳腐化しないよう絶えざる刷新」を図る「学び続ける教員像」の基礎としても位置づけられていた。

　しかしながら、大学院レベルとして想定されていたのは教職大学院であり、同答申では国立教員養成系の修士課程の教職大学院を主体とした組織への移行を求める一方、国立私立大学の一般の修士課程については学校現場のニーズに応え得る実践性を備えた教育を提供する体制の整備等を求めている。また学部

レベルについては、教職実践演習を中心にした必要な資質能力の育成の徹底、学校教育の教科内容を踏まえた教科に関する科目の授業内容の構成、教育実習以外の学校現場等での体験機会の充実、コアカリキュラムの作成や教職課程認定の厳格化による教職課程の質保証等を求めていた。その意味では、「実践基盤性」は依然として教員養成の基調をなすものであったといえる。

6. 教員の資質能力の高度化のハブとしての教職大学院

　政権交代後に出された2015年中教審答申では、「新たな知識や技術の活用により社会の進歩や変化のスピードが速まる中，教員の資質能力向上は我が国の最重要課題であり，世界の潮流でもある。」とし、教員に求められる資質能力として、時代の変化や自らのキャリアステージに応じて自らの資質能力を生涯にわたり高めていく能力、アクティブ・ラーニングをはじめとする新たな教育課題に対応できる力量、「チーム学校」の実現に向けて組織的・協働的に諸課題の解決に取り組む力等が挙げられている。また学部レベルについては、新たな教育課題に対応した教職科目の再編、学校インターンシップの導入、教職課程の質保証・向上や教職課程コアカリキュラムの整備などを求めている。この他、「教員の養成・採用・研修を通じた一体的制度改革として，『教員育成協議会』（仮称），教員育成指標，教員研修計画等といった連携・協働の基盤的整備により高度専門職業人として学び合い，高め合う教員を育成・支援するキャリアシステムの構築等」が挙げられている。このように本答申は、「教育改革の担い手として教員に必要な専門性の向上を図ろうとすると同時に、そうした教員自らが専門性の向上へと向かうための仕組みづくりを提起したもの」であり、時々の教育課題の解決を効果的に遂行する「実践基盤性」を強く指向するものであった。[14]

　教職大学院については、「実践基盤性」に基づく教職キャリア全体における「高度化」を図る基点として位置づけられており、「独立行政法人教員研修センターと連携し、大学と教育委員会・学校とのハブとなり、学部段階も含めた大学全体の教員養成の抜本的な強化や現職教員の研修への参画など地域への貢献の充実を図る」ことが期待されていた。一方、教員養成系以外の修士課程に関

しては、「アクティブ・ラーニングの視点を踏まえた実践的指導力を保証する
取組を進めつつ教科等の一定の分野について学問的な幅広い知識や深い理解を
強みとする教員の養成を行うこと」を求めている。

7.「高度専門職業人」性の希釈化と変質

　2022 年中教審答申では、今後の改革の方向性として「新たな教師の学びの
姿」「多様な専門性を有する質の高い教職員集団の形成」「教職志望の多様化や、
教師のライフサイクルの変化を踏まえた育成と、安定的な確保」を挙げている。
うち「新たな教師の学びの姿」の実現については、「子供たちの学び（授業観・
学習観）とともに教師自身の学び（研修観）を転換し、『新たな教師の学びの
姿』（個別最適な学び、協働的な学びの充実を通じた、『主体的・対話的で深い学
び』）を実現」し、「教職大学院のみならず、養成段階を含めた教職生活を通じ
た学びにおいて、『理論と実践の往還』を実現する。」としている。その方策と
して、学部レベルにおいては、「教育実習の在り方の見直し（履修形式の柔軟化
等）」「学校体験活動の積極的な活用」「特別支援教育の充実に資する『介護等
体験』の活用等」と「『教員養成フラッグシップ大学』における先導的・革新
的な教職科目の研究・開発等」等を挙げている。また現職研修については、オ
ンライン研修コンテンツの整備や「教育委員会における教師の研修履歴の記録
の作成と当該履歴を活用した資質向上に関する指導助言等の仕組み」といった
「新たな教師の学び」を実現する体制を構築することを提起している。

　「理論と実践を往還させた省察力による学び」は教職大学院制度創設以来の
中核的な理念であったが、今や教職生活全体を通じて目指される「新たな教師
の学び」の実現と教職の高度化をもたらすものとして位置づけられている。た
だし、本答申が「教師に求められる新たな教育課題に適時・的確に対応し得る
機動的な教員養成・研修の深化」や「求められる知識技能が変わっていくこと
を意識した『継続的な学び』」を強調していることからすると、そのときどきに
おいて必要とされる知識や技能の修得に向けた「訓練可能性」の開発を指向す
る「一般スキル」モードへの転換を提起するものであるといえる。その背景と

して、教員不足が叫ばれるなか、「教育の担い手の質の担保（質保証）において入職前の免許状取得のプロセスに依存する割合を下げ、入職後の継続的な学びの中で質の担保を行っていく方向へのシフト」⁽¹⁵⁾といった政策動向を指摘できる。

8. 修士レベル化をめぐる半世紀の動向

　1971 年中教審答申は、これまでの教科専門、教育原理、教育心理等の「個別学」が支配的なモードから、学校現場の実践に対応した「領域学」モードに基づく修士レベルの教員養成を提起するものであった。この構想は、およそ 30 余年をかけて教職大学院制度の創設により完成したといえ、「高度専門職業人」養成モデルを示すものとして、学部レベルの教員養成や現職教員研修改革の起点として位置づけられている。ただし、「効果主義指向」の「実践基盤性」が強く、教員の専門性の知識基礎としての学問研究等の位置づけは弱く、「理論」についての言及が見られる場合でも学習科学等の教育課題の効果的解決に直接資する分野にとどまる傾向にある。

　修士レベルの教員養成が提起された背景には、学校教育が抱える課題の多様化・複雑化、さらに 90 年代半ば以降においては「知識基盤社会」の到来をはじめとする社会の変化に伴うペダゴジーの転換や学校の役割の変容があったといえる。うち、1998 年教養審答申や 2012 年中教審答申は、教育実践・学校運営において一定の自律性を要するコンペタンス・モデルへのシフトへの対応として、修士レベルの教員養成を通じた「研究基盤性」を教員の専門性として位置づけるものであった。それに対して、2006 年・2015 年中教審答申においては「実践基盤性」が強く意識されており、アカウンタビリティ政策の下で教員・学校が直面している課題解決に資する職務遂行性（performativity）を教員の専門性と捉え、その高度化の手段として修士レベルの教員養成を位置づけている。2022 年中教審答申では、職務遂行性がさらに強調され、教員の専門性をそのときどきの課題への対応に応じて必要な事柄を「学び続ける」ための「訓練可能性」と位置づける「一般スキル」モードにシフトしており、「領域学」が有する学問研究による教育実践に対する反省性は大きく後退しているといえる。

第4節　グランドデザインにおける修士レベルの教員養成

1. 「反省的実践家（reflective practitioner）」モデル

本グランドデザインにおいては、「自律的でクリエイティブな高度専門職」として位置づけ、教員の基礎資格を修士レベルへとレベルアップする必要性を提起している。以下では、その含意を筆者なりに論じていく。

「教職は子どもと共に幸福を追求する職業であり、子どもの学ぶ権利を保障し、幸福追求権を保障する仕事である。さらに教職は民主主義社会を実現する使命を担った職業である」[16]。一方でグローバリゼーション下における格差と分断が進行し、他方での子ども・社会のウェルビーイングの実現が求められる中で、教職の公的使命はますます重要さを増してきているといえる。ショーンが提起した教職の「反省的実践家」モデルは、「『教師の自律性』（autonomy）と『見識』（wisdom）に基礎をおいており、知性的自由と個性的多様性を保障する民主主義社会と調和し、その社会を標榜する性格を示している」[17]ものである。またこのモデルは、クライアントが抱える複雑かつ複合的な問題に応答し、クライアントや他の専門家、さらに今日では子ども・保護者・地域住民との協働により解決していくことを教職に求めるものでもある。

この「反省的実践家」モデルは、「教職を、複雑な文脈で複合的な問題解決を行う文化的・社会的実践の領域ととらえ、その専門的力量を、問題状況に主体的に関与して子どもとの生きた関係をとり結び、省察と熟考により問題を表象し解決策を選択し判断する実践的見識（practical wisdom）に求める考え方である」。一方、それに対置される「技術的熟達者」モデルは「該当する専門領域の基礎科学と応用科学（科学的技術）の成熟に支えられた専門化した領域と見なし、専門的力量を教育学や心理学にもとづく科学的原理や技術で規定する考え方」[18]である。両者の違いは、教育実践、専門的成長、教師教育カリキュラム、実践的認識等にも及んでいる。例えば「技術的熟達者」モデルは「客観的な厳密性と科学性を志向して、個別の状況を越えた普遍的で原理的理解を求めるのに対して」、「反省的実践家」モデルは「構造化された意味のレリヴァンス

の構成を志向し、状況に対して柔軟で繊細になることを求め、問題に対する個
別的で具体的な理解を追求して」いるが、それぞれバーンスティンのいう「パ⁽¹⁹⁾
フォーマンス・モデル」と「コンペタンス・モデル」に対応している。

　これまで教職は、教育実践の文脈依存性と価値の多元性と理論の複合性ゆえ
に、科学的に検証された確実な知識や技術を欠いた「不確実性（uncertainty）」
に支配された「準専門職」と位置づけられてきた。あるいは、教職の文脈依存
性と多元性・複合性を無視し、教える内容に関する理解と実践的技能さえ有し
ていれば、その職責を全うできる「イージー・ワーク」と見なされてきた。し
かしながら、「反省的実践家」モデルにおいては、「不確実性」は、「教育実践
の文脈性は教師の仕事に創造的性格をもたらし、教育実践の価値の多元性と理
論の複合性は、教育問題の多元的総合的な探究を教師たちに要請」するものと
して積極的な意味をもつ。⁽²⁰⁾

2.　教員の専門性を支える知識基礎

　「『反省的実践家』モデルでは、『省察』と『熟考』の二つの実践的思考に
よって、問題解決における理論と実践の相互作用を実現して」おり、この二つ
の思考能力を「『実践的見識（practical wisdom）』と呼び、教職の専門性の基礎
とみなしている」。実際、「反省的実践家の実践は、あらかじめ準備された原理⁽²¹⁾
や技術の適用領域なのではなく、その経験と反省を通して実践的な知識や見識
が形成され機能する領域なのである。この実践過程における認識と省察は、言
わば経験の概念化であり、これまで一般に『実践の理論化』と呼ばれてきたも
のである」。一方、「熟考」は、「理論的な概念や原理を実践の文脈に対応させ⁽²²⁾
て翻案する思考活動」であり、ショーマンが提起した「授業を想定した教育内⁽²³⁾
容に関する知識」（pedagogical content knowledge：PCK）のように、単なる理
論の適用的実践化ではなく、教育実践の文脈への十分な理解に基づいて理論が
「再文脈化」されたものである。ただし、教育実践の文脈の複雑性ゆえに、そ
こで「再文脈化」される理論は教育学や心理学のみならず、人文・社会諸科学
全般に及ぶものである。

　石井英真は「定型的熟達者」と「適応的熟達者」、「シングルループの省察」と「ダブルループの省察」とを対比させ、既存の手続き知識や枠組み等を問い直し、状況に応じた適切な方法を選択・創造する「適応的熟達者」や問題の出来事や問題を捉える枠組み自体を吟味し再構成する「ダブルループの省察」に向けた教員養成の高度化・専門職化の必要性を指摘している。そして、その際には「大学における教員養成」原則が追求してきた価値や大学の教育機能の内実を、「学問する」教師として概念化し、教師教育システム全体の中で自覚的に追求していくことが重要であるとしている。また、小島弘道は、既存の知では対応困難な課題という新たな状況において、「臨床知や実践知を含みつつ、これまで創造、蓄積し、再構成、再定義してきた知に目を移し、その知により問題解決の方向やその妥当性を確かめ、新たな知を必要とする、そうした知を創造、再構成し、問題解決につなげていく力量（研究知）を身に付けていくことが『大学院知』の核心になければならない」と述べている。その際、「大学院知」の核心を、ショーンのいう状況と対象とのやりとりを通して既存のフレームを調整・展開し、新しい知を再構成していくプロセスを可能とする学問研究の方法に求め、修士レベル化による教員養成の高度化の必要性を提起している。

　ところで、石井は、「『教職の高度化』という場合、教員養成段階で専門職業人としての準備性を高め、大学から職場への円滑な移行を図ろうとするあまり、学問的思考と実践的思考との間の振れ幅が短くなってはいないか。むしろ学問的思考と実践的思考との往還の振れ幅を長くし、異なる文化の狭間で思考し、異文化間を行き来する力量を育てることこそが、大学院レベルの教員養成カリキュラムの課題であろう」と述べている。「領域学」は外部環境（教育実践）と内部環境（学問実践）との接面である以上、再文脈化される諸個別学がもつ学問的知識・方法が、どの程度その反省性を発揮できるのかは、外部の実践との距離、バーンスティンの概念でいえば「分類関係」の程度による。すなわち、教育実践と学問実践との「疎隔」が強ければ、両者の間の振れ幅は大きくなり、学問的知識・方法が実践に対してもつ反省性は高まることになる。一方で、「領域学」が外部環境としての実践に対してレリヴァンスを発揮するかは、「領

域学」における諸個別学の編成のあり方が外的実践における知識・方法との間に適切なカテゴリー関係を構築できているのか、バーンスティンのいう「システム関係」のあり方による。もし、適切な「システム関係」が構築されているならば、それは十分な「熟考」と「反省」を導くものとなる。

　ところで、こうした「熟考」それ自体を「反省」の俎上に載せるためには、「熟考」をもたらした「知」そのものの生産過程に通じている必要性がある。[28] 実際、北澤毅は「理論の実践化」の事例に言及しながら、「理論に特有のメタ思考の要請への理解があって初めて、絶えず変化し予測不能な要素を含む教育実践現場に理論を応用することが可能となるように思われる」と述べている。[29] また佐藤学は「知識基盤」そのものの見直しを提起しており、PCK を中核とする「教科の教養」の再編、「教職の教養」における旧来の教育学の専門分化から教育学の越境で総合的な構成への移行、「知識基礎」の問題解決的な実践研究との結合による再構成、及び教師教育の研究の教育学研究における中心領域化の必要性を挙げている。[30]

3.　教員の専門職化に向けた制度的基盤の構築

　日本においては、「免許状主義」のもと、教員養成カリキュラムと資格認定は官僚主義的に統制されてきた。またこの間の一連の「アカウンタビリティ政策」を基調とする教育改革において、教員養成の質的向上が求められ、「教職課程の厳格化」や「教職課程コアカリキュラムの導入」等がなされてきた。さらに、アカウンタビリティ政策の下、学校現場では、学校評価、全国学力・学習状況調査、教員評価等が導入され、教育実践の画一化・硬直化が進んできている。

　しかしながら、「反省的実践家」モデルを念頭に教員の専門性の養成とその専門性向上を図るためには、一定程度の自律性が必要である。「反省的実践家」モデルはコンペタンス・モデルと親和的であるが、バーンスティンによれば、このモデルはパフォーマンス・モデルに比べて、教育実践を客観的に評価することが難しく、「公共的な査察や応答（説明）責任を受け入れるのが容易でない」。[31] 逆にいえば「応答責任」を果たしていくうえで、教育実践についての

学問研究の方法に基づく精査は重要な意義をもつ。

　水本徳明は、社会学者ルーマンの議論に依拠しながら、「教育を成功させる
ためだけに専門職化が必要なのではなく、教育者は失敗するからこそ専門職化
が必要なのである。だから、ただひたすら教育の成功を追究する、しかも『実
践的指導力』を中核としてそれを追究するような教師教育コンテンツの高度化
では、専門職化は図れ」ず、「専門職化のためには『専門性基準』とそれを支
える『専門職団体』が成り立っていなければならない。[32]」と述べている。「専門
性基準」は教員養成カリキュラムの編成、資格付与、専門職の評価、現職研修
の基準になるものであり[33]、それは「アカウンタビリティ政策」と「説明責任」
に抗して、「専門的自律性」と「応答責任」を担保するものである。また、「専
門性基準」の策定に際しては、「専門職団体」、バーンスティンのいう「〈教
育〉的再文脈化領域」の担い手の果たす役割が大きいといえる。実際、グラン
ドデザインは、専門学会が「教職課程コアカリキュラム」に代わって「エッセ
ンシャル・カリキュラム」を策定し、教員養成の質保証の責任の一端を担うこ
とを求めている。

　ところで、上述したように、「反省的実践家」モデルは、他の専門職との協
働による問題解決を図っていくことを求めるものであった。実際、近年の学校
のガバナンス改革においては、教育関係者以外の専門家や子ども・保護者・地
域住民等との連携・協働の必要性が主張されてきた。ウィッティ（G. Whitty）
によれば、「民主主義的な専門職性」とは、「専門職の仕事を脱神秘化し、教師
と、生徒・父母・コミュニティ構成員などのこれまで（学校の意思決定から）排
除され、従来は専門職や国家によって（教育に関する）自分たちの意思決定を
代行されてきた諸構成員との間の協調を構築しようとするものであり」、「より
広いコミュニティに対しても責任を持ち、専門職の狭隘な関心はより広い社会
的なアジェンダに従属するべきだということを認識することもまた求められて
いる[34]」ものである。ただし、「そこでイニシアティブをとるべき第一のアク
ターは教員であり、その正統性を担保するのは教職の専門性[35]」であり、その意
味においても修士レベルの学問研究を基礎とした「応答責任性」に基づき自ら

の公的使命を果たしていくことが重要と考える。

第5節　まとめに代えて

　本章では、修士レベルにおける教員養成について、バーンスティンの〈教育〉言説論を踏まえて、これまでの修士レベルの教員養成に関する政策動向を分析しつつ、グランドデザインが提唱する修士レベル化の含意について論じてきた。

　ホーダーン（J. Hordern）は、バーンスティンに依拠しながら、「専門化された（specialised）言説は、実践者が自分の実践の性質とその中での役割を認識できるようにする強力な境界線を提供し、専門職の顧客や一般の人々に認められ、信頼できる専門化された専門職アイデンティティをもたらすものである。同様に、実践自体が、学問的言説によって提供される根本的な条件によって形作られず、また制約されない場合、専門職の判断は、さまざまな流行やテストされていない技術の影響を受ける可能性がある。」と述べている。[36]

　教職はそもそも「不確実性」の高い実践であるが、近年の社会変化や学校・教育をめぐる状況において、「不確実性」はますます高まっているといえる。その中で、専門職として「不確実性」と向き合い、社会に専門職として認められ、専門職としてのアイデンティティを保持していくためには、学問研究に基づき自らの実践を精査していくことが求められる。特に、そうした精査を通じて他者との共有を可能とする教育実践等に関するヴィジョンを形成していくことが重要である。生涯にわたり専門職として成長していくうえで基盤となる専門性を形成するためには、修士レベルにおいて「広い視野に立って精深な学識を授け、専攻分野における研究能力」と「高度の専門性が求められる職業を担うための卓越した能力」とを培う必要がある。また、こうした専門性は常に教育実践という文脈において発揮されるとともに、専門職コミュニティにおいてその精査を通じてその意義が確認され、それをもとに外部に対する「応答責任」を果たしていくことが重要である。加えて、こうした専門職としての実践を支えるうえでは、自らを自律的専門職として基礎づける基準、組織、制度が

必要であり、「専門職基準」や「専門職団体」の制定とともに、その身分や待遇の改善を図る必要がある。本グランドデザインの提起が、そうした動きへと向かう契機となることを願ってやまない。

　本稿は、JSPS 科研費 JP21H00823、JP20K02477 の助成を受けたものである。

注

(1) B・バーンスティン著、久冨善之他訳『〈教育〉の社会学理論』法政大学出版会、2000 年、84-85 ページ。

(2) 同上、82 ページ。

(3) 同上、85 ページ。

(4) 同上、102-103 ページ。

(5) 久冨善之編『教師の専門性とアイデンティティ』勁草書房、2008 年。

(6) バーンスティン、前掲書、113-116 ページ。

(7) ただし、1962 年教養審建議において、「高等学校の教員、教育行政に携わる者および教育研究者等の養成が大学院の課程において行われるよう考慮する」と示されていた。

(8) 北神正行「教師の専門性と養成・研修制度」『日本教師教育学会年報』10、2001 年、56 ページ。

(9) 三石初雄「教師教育政策の展開と教師教育の課題を探る」『日本教師教育学会年報』24、2015 年、74 ページ。

(10) ただし、1983 年教養審答申では、教職に関する科目等においては「理論面だけではなく、実践との関係を考慮した総合的なものでなければならない」し、教科に関する専門科目については「学校教育における具体的な課題とのつながりを重視することが重要」とされていた。

(11) 岩田康之『「大学における教員養成」の日本的構造』学文社、2022 年、93-95 ページ。

(12) 北神正行、前掲論文。同様に学校教育の変容と教員の専門性の転換を指摘したものとして、小島弘道「教育実践の協働性と教師の専門性」(『日本教師教育学会年報』第 10 号、2001 年、13-21 ページ) 等がある。

(13) 三石初雄「専門職課程における『研究能力』育成とアカデミズム」『日本教師教育学会年報』29、2020 年、27 ページ。設置基準において、修士課程は「広い視野に立って精深な学識を授け、専攻分野における研究能力又はこれに加えて高度の専門性が求められる職業を担うための卓越した能力を培うことを目的とする」とあるのに対して、専門職課程では「高度の専門性が求められる職業を担うための深い学識及び卓越した能力を培うことを目的とする」となっている。

(14) 福島裕敏「現代教師教育改革と《教員養成学》」福島裕敏・松本大・森本洋介編『教育のあり方を考える』東信堂、2019 年、182 ページ。

(15) 岩田康之「『令和の日本型』教育と教師」日本教師教育学会編『「令和の日本型」学校と教師』学文社、2023 年、86 ページ。

(16) 佐藤学『専門家として教師を育てる』岩波書店、2015 年、39 ページ。

(17) 佐藤学『教師というアポリア』世織書房、1997 年、60 ページ。

(18) 同上、58 ページ。

(19) 同上、59 ページ。

(20) 同上、97 ページ。

(21) 同上、65 ページ。

(22) 同上、63-64 ページ。

(23) 同上、64 ページ。

(24) 石井英真「教員養成の高度化と教師の専門職像の再検討」『日本教師教育学会年報』23、2014 年、25-26 ページ。

(25) 小島弘道「教師教育学研究における『大学院知』の視野」『日本教師教育学会年報』20、2011 年、23 ページ。

(26) 石井英真、前掲論文、26 ページ。

(27) B・バーンスティン著，萩原元昭編訳『教育伝達の社会学』明治図書、1985 年。また「システム関係」「分類関係」の整理については、松田洋介「〈移行〉の教育社会学」久冨善之・長谷川裕編『教育社会学　第二版』学文社、2019 年、115-118 ページを参考とした。

(28) 石井英真、前掲論文、27 ページ。

(29) 北澤毅「理論の応用可能性」『日本教師教育学会年報』29、2020 年、51-52 ページ。

(30) 佐藤学、前掲書、2015 年、65-68 ページ。

(31) バーンスティン、前掲書、2000 年、107 ページ。

(32) 水本德明「教育システムの作動としての教師教育と教師教育改革」『日本教師教育学会年報』19、2010 年、25 ページ。

(33) 佐藤学、前掲書、2015 年、25 ページ。

(34) G・ウィッティ＆E・ウィスビー「近年の教育改革を越えて」久冨善之編『教師の専門性とアイデンティティ』勁草書房、2008 年、205 ページ。

(35) 石井英真「教職の専門性と専門職性をめぐる現代的課題」『日本教師教育学会年報』30、2021 年、45 ページ。

(36) Hordern, J., 'Teaching, teacher formation, and specialised professional practice'. *European Journal of Teacher Education*, 38(4), 431-444. (引用は Online 版、8 ページ)

第7章
教員養成における教養教育の意義と課題

● 山崎奈々絵

第1節　教員養成になぜ教養教育が必要か

　教師の仕事は唯一の正解があるわけではない。専門家の教師には、自らの教育実践を振り返り次の実践を構想する力量や、多様な教育課題を構造的に把握して解決へと導く力量が求められる。さらに、こうした力量を形成していく過程で、自身の持つ子ども観や教育観をはじめとした、たくさんの「観」を問い直すことが重要になる。特に子ども観と教育観については、自分の受けてきた教育経験や教育実践に携わってきた経験といった個人的な経験のみから形成されているのでは、子どもたちにとって常によりよい教育を求め、よりよい実践を展開しようとする専門家としての教師の責務を十分果たすことはできない。専門家としての教師には、個人的な経験を相対化し、より広い視野から多面的に自らの観を問い直し、再構築し続けていくことが求められる。子どもや教育だけでなく、人間や社会、公、国家、学校など、学校教育に直接的にも間接的にも関わるすべてのことをどのように捉えるかが、教師の実践の一つひとつを左右する。このように、教師やその実践をとりまくさまざまな観を常に問い直し、再構築し続けることは、教師個人の思考を問い直し、再構築し続けることにもつながる。

　「観」の問い直し、思考の問い直しを広い視野から行い続ける力量形成には、教養教育が寄与するところが大きいのではないだろうか。日本では戦後初期、「教養教育を重視した教員養成」という理念が強調された。この理念は教育刷新委員会（後に教育刷新審議会に改称、1952年中央教育審議会の発足により廃止、

以下「教刷委」と表記）の審議で繰り返し強調された一方、養成教育の実態レベルでは実質を伴っていなかった。すなわち、例えば教員養成では他の分野より一般教養の科目数が多岐にわたる、履修単位数が多いといった事実はない。(1)
それでもなお、「教養教育を重視した教員養成」という理念が、戦後に成立した「大学における教員養成」の原則を支える重要なものだったことは、例えば日本教育学会の 80 年代初頭における次のような主張からもうかがえる。

　　教員養成は、ただ単に免許法に定める修得単位数の取得の結果としてでなく、大学教育を受けることを基礎的な要件として、一般教養、教科専門の学力、教職的教養の総体として行なわれているということができよう。〔中略〕
　　人文・社会・自然に関する一般教養を通して、広義の人間理解、学問と人間の関係についての理解、基礎的な学問方法や批判的精神などを身につけることが、教師の基礎的な資質として重視されなければならない。また、特定の専門分野に関する知識技能方法への習熟は、単にその専門分野に関する教科を教えるためばかりでなく、高度な専門的教養を身につけた人間としての確信につながり、自らが専門とする分野を通して人間の発達について深く考究することを可能ならしめることができよう。さらに、大学におけるさまざまな自主的活動を通じての集団的、組織的力量の形成が、豊かな人間としての力量を培うものというべきである。このような意味で、総体としての大学教育による人間形成こそが、「大学における教員養成」の前提とみなされるべきであり、何よりも重要なことは、総体としての大学教育がその名に価する実質的な内容をもちうるかどうかでということである。
　　〔中略〕われわれは、「大学における教員養成」の意味は、大学における学問の自由と自治的精神、真理探究の事業と科学的精神にうらうちされた全体としての大学教育を通じて教員養成が行なわれるという意であるとも理解している。(2)

　上記の引用部分には、教養教育の重要性のほか、教養・教科専門・教職専門

の三つの総体としての養成教育を展開すること、課外の時間も含んで大学生活全体を通じて力量形成を行うことの重要性も指摘されているが、本章では、特に教養教育の重要性に着目したうえで、教養教育を重視した教員養成という理念が、戦後改革期の日本において、実質を伴わずとも、理念レベルで一定の説得力を持ちえたこととこの理念が現代なお重要であることについて、確認していきたい。

第2節　「教養教育を重視した教員養成」の理念とは何だったのか

　前述の通り、戦後成立した「大学における教員養成」の原則を支えるものとして、「教養教育を重視した教員養成」という理念が教刷委の審議において繰り返し強調された。審議の前提となっていたのは、「師範型」は克服しなければならないという課題意識である。師範型とは、教え方や人間性において型にはまっている、学力が低い、視野が狭い、国家権力に従順で統制されやすいと小学校教員を低く評価した言葉で、[3] こうした批判自体が妥当だったかについては検討の余地があるが、これからの教師には視野の広さや科学的精神を求め、教養教育を重視した養成教育を行い、1900年頃から批判的に捉えられてきた師範型を克服しようとした点は重要であった。教養教育重視の理念は、教員養成を行う大学・学部の名称にも反映され、教員養成を「主とする」（「目的とする」ではない）大学の名称は「学芸」大学とされた。「学芸」とはすなわち「教養」である。全国の師範学校の半数以上が学芸大学あるいは学芸学部に再編され、特に学芸学部は、教養教育・教科専門教育・教職専門教育の三層から成る養成教育だけでなく、全学の教養教育も担うことになった。ただし、旧制高校があった府県では、旧制高校を「文理」学部、師範学校・青年師範学校を「教育」学部に再編し、前者が全学の教養教育を、後者が教科専門教育と教職専門教育を担うという形をとったため、学部組織というレベルで教養教育と教科・教職専門教育が分断されることになった。

　現代の感覚からすれば、教養教育で教員養成はできない、言い換えれば教職志望者が大学で深く修めるべきは教科専門的知識や教育諸科学であって教養ではないといえるかもしれない。しかし、戦後改革期は、教科専門科目に関わる分野も教職専門教育に関わる分野・教育学も、学問的地位が低かった。例えば、1949年度開設予定の新制大学の設置審査を見ると、理系分野の場合、一般学科の専門学を担当する教員としては不適格と判定された者であっても、教材研究（小学校の教科専門科目の一部）や教科教育法（中学校の教職専門科目の一部）の担当者としてなら適格と判定し直す方針が大学設置委員会（後の大学設置審議会）で採用された。こうした教員審査は学問領域別に進められたが、教育学は独自の領域が設けられず、多くは「文」「理」といった領域で審査が進められた。[4]

　教育学は、そもそも戦前に学部を編成できるような学問的地位を獲得してもいなかった。[5]戦前、教職志願者が修めるべき学問として位置づいていたのは、文科・理科といった文理学である。それは、1929年、中等教員養成機関である高等師範学校の専攻科を再編して文理科大学が開設されたことからも明らかである。文理科大学は文理学部のみから成る単科大学であり、教科専門に関わる諸学科と並んで教育学科も置かれた。教育学は文理学の一分野ということである。

　こうした戦前からの状況を踏まえて教刷委の審議では、一般教養はしばしば文科・理科と言い換えられた。それだけでなく、人文的教養、社会科学的教養、人文科学・社会科学・自然科学、教育学科と言い換えられることもあった。戦後初期の教養教育が教職専門教育や教育学と近接的かつあいまいだったことがうかがえる。こうしたあいまいさに加え、師範型は克服しなければならないという強い課題意識と、教育学は「外の専門の学科と比べるとなんだか常識的」といった感覚が、教刷委でおおよそ共有されていたゆえに、教養教育を重視した教員養成という理念が当時は一定の説得力を持った。[6]

　さらに、新制大学の設置審査の際、文部省・大学設置委員会や教員養成系大学・学部では、小学校の教科専門科目の半分以上を「上級」あるいは「高級」

一般教養科目に充てるという案が作成された。「大学における教員養成」の中でも特に「大学における小学校教員養成」を構想すること、言い換えれば四年制大学の教育内容にふさわしい教科専門教育や教職専門教育を構想することが困難で、教科専門教育の多くを教養教育で埋めようとしたことがうかがえる。こうした案は、教養教育と小学校教科専門教育とが近接的に捉えられていたためでもあった。⁽⁷⁾

第3節　「教養教育を重視した教員養成」の理念の衰退

　第2節で見てきたように、「教養教育を重視した教員養成」という理念は、師範型は克服しなければならないという課題意識に加え、教科専門教育や教職専門教育を四年制大学にふさわしい専門教育として構想するのが困難だったこと、教育学の学問的地位が低かったこと、教職志望者が修めるべき学問は文科・理科といった文理学と考えられてきたこと、文理学と一般教養・教育学が非常に近接していたことといった戦後初期の実情が重なり合って、理念レベルでは一定の説得力を持つことになった。他方でこの理念は、教育職員免許法のもと1949年度よりスタートした戦後の新しい教員養成の実態において、実質を伴っていなかった。実際の養成教育で一般の大学・学部以上に教養教育が重視されていたという事実はないからである。

　すなわち、教育職員免許法や同法施行規則において、教員免許状取得要件として定められた一般教養（あるいは一般教育）科目の単位数は、1949年の公布当初から大学（設置）基準と同等しかなかった。91年、大学設置基準改正（いわゆる大綱化）により一般教育という科目区分が消えると、養成教育でも、こうした科目区分が消えることになった。その後、大学教育全般においては、2000年代初頭から、教養教育の改編も含んでその重要性が改めて確認されるようになり、中央教育審議会（以下、「中教審」と表記）からも、02年「新しい時代における教養教育の在り方について」⁽⁸⁾や05年「我が国の高等教育の将来像」⁽⁹⁾といった答申が出された。他方で、教員養成においては教養教育の重要性

が再び提起されることはなかった。

　前述の2002年中教審答申には、これからの大学には「幅広い視野から物事を捉え、高い倫理性に裏打ちされた的確な判断を下すことができる人材の育成が一層強く期待されて」おり、「専門性の向上は大学院を主体にして行う」「今後の学部教育は、教養教育と専門基礎教育とを中心に行うことが基本となり、各大学には教養教育の在り方を総合的に見直し、再構築することが強く求められる」とある。この答申が出されたのとほぼ同時期、教員養成においても、専門教育レベルの標準を今まで通り学部段階で十分とするのか、それとも大学院段階に引き上げるのか、引き上げる際に教職大学院ではどのような学びをするのか、教職大学院での育成と一般大学院での育成との関係をどのように捉えるかといったことが、政策レベルをはじめ、さまざまなレベルで繰り返し議論になってきた。他方で、教員養成では、専門教育レベルの標準を大学院段階に引き上げた場合、学部段階では教養教育を重視すべきといったような主張はされてこなかった。教師の不祥事問題が全国の自治体で深刻化している現在、少なくとも02年答申にある「高い倫理性」は教師にも強く求められているにもかかわらず、である。

　このように、教員養成は大学教育の中で行われるにもかかわらず、教養教育の重要性はまったく顧みられないまま、政策レベルでは2012年中教審答申「教職生活の全体を通じた教員の資質能力の総合的な向上方策について」[10]により、「学び続ける教員像」が提起された。「教職生活全体を通じて自主的に学び続ける」ことの重要性が強調されたのである。同様の主張は21年中教審答申「『令和の日本型学校教育』の構築を目指して」[11]でも見られ、ここでは「教職生涯を通じて探究心を持ちつつ自律的かつ継続的に新しい知識・技能を学び続け」る重要性が再確認されている。こうした学び続ける教員像、すなわち、教職に就く前も就いた後も探究心を持ちながら自律的に学ぶ教員としてのあり方を実現するには、学び続ける基礎を学部教育で身につける必要があるのではないか、特に教養教育を通じて幅広い視野や批判的思考力などを養う必要があるのではないかという疑問が湧くが、こうした論点は中教審をはじめとした政策

レベルで十分な追究がなされていない。

　ちなみに、学び続ける教員像が提起されるのとほぼ同時期の 2010 年、日本学術会議が「21 世紀の教養と教養教育」[12] を提言している。ここでは、21 世紀を生きていくために期待される教養とは、「現代世界が経験している諸変化の特性を理解し、突きつけられている問題や課題について考え探究し、それらの問題・課題の解明・解決に取り組んでいくことのできる知性・智恵・実践的能力」だと定義され、教養を形成する教養教育は、従来の一般教育に限定されるのではなく、「専門教育を含めて、四年間の大学教育を通じて、さらには大学院での教育も含めて」「総合的に」行われるものであり、特に一般教育は「一定の広がりと総合性を持つもの」、学部専門教育は「教養教育の一翼を担う『専門教養教育』として行われる」ものであると述べられている。さらに、学生は課外活動も含んで大学内外で多様な経験をし、教養を培い、学び、自己形成をし、「人としての生き方、世界との関わり方や、市民としての社会への参加の仕方について学び考え、その根底において問われる倫理を育む」とも述べられている。ここにあるような教養教育の再構築、すなわち、従来の一般教育と専門教育の有機的統合や学部専門教育の再編成、課外活動を含んだ総合的な学びの再構成といったことは、学びの専門家である教師を育成する養成教育においても、非常に重要な論点であるはずだが、やはり十分な追究がされていないのが現状である。

第 4 節　総括

　以上見てきたように、戦後初期、「大学における教員養成」の原則を支えるものとして「教養教育を重視した教員養成」という理念が提起された背景には、師範型を克服するという課題意識に加え、教科専門教育や教職専門教育に関わる学問分野や教育学の学問的地位の低さ、教職志望者が大学教育を通じて修めるべき学問は文科・理科といった文理学と考えられていたこと、文理学とは一般教養であり、それは小学校の教科専門とも教育学とも近接的に捉えられてい

たことといった戦後初期の実情があった。しかしながら、この理念はあいまい
で、養成現場である実際の教員養成教育において当初から実質を伴わなかった。

　現代から見れば、教職志望者の専門教育は教科専門教育や教職専門教育、ある
いは教育学を中核にやっていくべきという主張も成り立つかもしれない。他
方で、2000 年代以降、大学教育全般においては、教養教育の重要性が改めて
強調され、従来の一般教育と専門教育を統合し、さらには課外活動も含んで教
養教育を再構築すること、専門性の向上は大学院教育を主とし、学部教育では
専門基礎教育を行うこと、その専門基礎教育も教養教育の一翼を担うこと、こ
うした教養教育を通じて幅広い視野から人間や社会・世界を捉え、社会へ参加
する方法を学び考え、現代社会において求められる倫理意識をはぐくむことが
求められてきた。こうした視点は教員養成においても非常に重要なはずだが、
政策レベルの議論では欠落している。今後、教員養成の再構築に資する研究と
して、教養教育が教員養成や教師の力量形成において果たしてきた役割や直面
してきた課題について、学生の具体的な学習・生活レベルでの解明をしていく
ことが喫緊の課題であろう。⁽¹³⁾

注

(1) 山崎奈々絵『戦後教員養成改革と「教養教育」』六花出版、2017 年。
(2) 日本教育学会教師教育に関する研究委員会編『教師教育の課題——すぐれた教師
　を育てるために』明治図書出版、1983 年、415 ページ。
(3) 水原克敏「『師範型』問題発生の分析と考察——師範教育の小学校教員資質形成に
　おける破綻」教育史学会『日本の教育史学』第 20 集、1977 年 10 月、20-37 ペー
　ジ、海後宗臣編『戦後日本の教育改革 8　教員養成』東京大学出版会、1971 年の
　第一章第二節の一「師範教育についての批判」(執筆者は海後)。
(4) 山崎、前掲書、147-149 ページ。
(5) 米田俊彦「大学 (旧制)」久保義三・米田俊彦・駒込武・児美川孝一郎編『現代
　教育史事典』東京書籍、2001 年、125 ページ。
(6) 山崎、前掲書、53-62 ページ。
(7) 同上、160-166 ページ。
(8) 2002 年 2 月 21 日中央教育審議会答申「新しい時代における教養教育の在り方に
　ついて (答 申)」。https://www.mext.go.jp/b_menu/shingi/chukyo/chukyo0/

toushin/ 020203.htm（最終閲覧日：2023 年 10 月 30 日）

(9) 2005 年 1 月 28 日中央教育審議会「我が国の高等教育の将来像（答申）」。https:// www.mext.go.jp/b_menu/shingi/chukyo/chukyo0/toushin/05013101.htm（最終 閲覧日：2023 年 10 月 30 日）

(10) 2012 年 8 月 28 日中央教育審議会「教職生活の全体を通じた教員の資質能力の 総合的な向上方策について（答申）」。https://www.mext.go.jp/b_menu/shingi/ chukyo/chukyo0/toushin/1325092.htm（最終閲覧日：2023 年 10 月 30 日）

(11) 2021 年 1 月 26 日中央教育審議会「『令和の日本型学校教育』の構築を目指して ～全ての子供たちの可能性を引き出す、個別最適な学びと、協働的な学びの実現 ～（答申）」。https://www.mext.go.jp/b_menu/shingi/chukyo/chukyo3/079/ sonota/1412985_00002.htm（最終閲覧日：2023 年 10 月 30 日）

(12) 2010 年 4 月 5 日日本学術会議 日本の展望委員会 知の創造分科会「21 世紀の教 養と教養教育（提言）」。https://www.scj.go.jp/ja/info/kohyo/pdf/kohyo-21- tsoukai-4. pdf（最終閲覧日：2023 年 10 月 30 日）

(13) 山田恵吾「日本教育史にける教員史・教員養成史」教育史学会・教育史学会 60 周年記念出版編集委員会編『教育史研究の最前線 Ⅱ──創立 60 周年記念』六花出 版、2018 年、232 ページ。

第8章

教職科目における実践的な指導力育成の可能性と課題——「教育相談」の視点から——

・和井田節子

第1節 教育相談とは

1. 学校における教育相談

　教育相談が教育職員免許状（以下、教員免許）の必修科目（以下、教職科目）として教えられるようになったのは、1988年であった。実践的指導力を育成することを期待して導入された科目である。とはいえ、大学の授業で実践的指導力はどこまで育成できるのだろか。

　まず、学校で行われている教育相談の実践に必要な能力について述べる。

　生徒指導提要（改訂版2022年）によると、教育相談の目的は、すべての教師がすべての子どもに対して「児童生徒が将来において社会的な自己実現ができるような資質・能力・態度を形成するように働きかけること」である。教育相談は生徒指導の「中心的役割を担」っている。教育相談の対象は困難を抱える子どもだけではなく、全校児童生徒とその保護者である。また、扱う内容も問題行動等の課題への早期発見・個別対応といった課題解決的な働きかけにとどまらない。予防的なものや、成長支援を目指した集団への働きかけも教育相談の守備範囲である。教育相談の実践には、まさに「実践的指導力」が求められる。

　なお、筆者は、特別支援教育は教育相談の活動に含まれると考えている。しかし、教員養成においては、「特別な支援を必要とする幼児、児童及び生徒に対する理解」という別な教職科目が設けられているため、ここでは特別支援教育に関する内容を除外して検討する。

　「実践的指導力」育成をめざす教育相談の教員研修は、以下の3領域の資

質・能力に整理できる⁽¹⁾。

　①理論：子ども理解や状況理解に必要な心理学の知識。

　②スキル：子ども支援に必要なカウンセリング等の技能。

　③マネジメント：誰にどのように働きかけるか等の判断に必要な能力。

　もちろん、教員になれば全員が①②③すべてに熟達する、というわけでもない。だから、教育相談は学校として組織的に行うことが奨励されている。チームで活動することで不足する領域を相互に補い合うことができる。同時に、その活動で教員同士が互いの子ども理解やスキルを知ることになり、事例について意見を言い合うことがマネジメントの検討となる。経験の言語化がリフレクションを導く⁽²⁾。それらが教育相談の実践的な OJT ともなり、その積み重ねが職場全体の教育相談の水準向上にもつながる。以上が教育相談をチームで行うことが奨励される理由となる。

　ところで、教育相談を組織的に行う際には、推進役としての教育相談担当教員（現在は教育相談コーディネーター）の活動が重要になる。教育相談コーディネーターの仕事は以下の三つの分野に整理できる。

　①研修・啓発：教員研修の企画、教育相談関連情報の発信等。

　②支援：ケース会議開催、専門機関との連携、相談室の管理等。

　③情報共有：支援が必要な子どもの情報収集・校内共有等。

　とはいえ、教育相談コーディネーターの動き方や教育相談の組織体制は、校種・地域・学校規模等により、各学校で異なるのが実情である。筆者は 2017 年に、東北・関東・中部地区の小中高特別支援学校に勤務する教育相談コーディネーター 695 人にアンケートを行った。その結果、上記の 3 領域の業務を日常的に行っていると回答した教育相談コーディネーターは全体の 17% にとどまっていた⁽³⁾。この現状を改善するには、コーディネーターの専門性を高めるための研修が必要だが、栗原慎二が指摘するとおり、研修プログラムさえほとんど開発されていないのが現実である⁽⁴⁾。教育相談の実践的指導力は、教員となってからも理論と実践の往還をしつつ育成されるものなのである。そのような実践的指導力の育成を大学教育の中で行おうと考えたのは何故だろうか。

2.「教育相談」が教職科目となった背景

　1970年代後半から1980年代にかけて校内暴力、不登校（当時は登校拒否）、いじめが社会問題となっていた。教育相談をテーマとした教員研修が全国で開催され、これらの教育課題への新しいアプローチを見いだそうとする多くの教員が受講を希望した。教育心理学者の原野広太郎は、「個々の児童、生徒を具体的にどのように理解し、どのように指導するかについてはまったくその知見を得る方法が見つからない」と学校の状況と教員養成で教えられている学問的知識との乖離を憂えて、教職科目に生徒指導や教育相談を入れるべきだと主張した。

　1988年に教育職員免許法（以下、免許法）が改正され、「教育相談」はこのときに初めて教職科目「生徒指導及び教育相談（及び進路指導を含む）」（2単位）として登場した。坂本昭は、「実践的指導力」の基礎を身につけることを重視した免許法改正だったと指摘する。

　1990年代になると、いじめが主因の自殺事件が多発し、学校は子どもたちの現状を把握し適切に対応するべきだという批判が強まった。1996年に国はスクールカウンセラー活用調査研究委託事業を開始して臨床心理士等を学校に派遣した。1998年の免許法改正では、「教育相談」は「生徒指導」「進路指導」から独立して「教育相談（カウンセリングに関する基礎的な知識を含む。）の理論および方法」（2単位）となり、現在に至っている。

第2節　教職課程の「実践的指導力」育成とは

1.　答申等における実践的指導力

　最初に教員の資質能力として実践的指導力を重視したのは、1971年の中央教育審議会（以下、中教審）「今後における学校教育の総合的な拡充整備のための基本的施策について（答申）」であった。「教員には実践的指導力など高度の資質と能力が要求される」とした答申の背景に、ILO・ユネスコによる「教師の地位に関する勧告」（1966）がある、と古川治は述べる。「実践的指導力」を、

教師の専門性の重要な部分として位置づけているが、このときは、まだ教員養成の在り方への言及はなかった。

　大学の教員養成において「採用後必要とされる実践的指導力の基礎」を重視するべきとしたのは、1986 年の臨時教育審議会「教育改革に関する第二次答申」である。さらに 1987 年の教育職員養成審議会（以下、教養審）は、「教員の資質能力の向上方策等について（答申）」で、「養成・採用・現職研修の各段階を通じて」実践的指導力が形成されるための方策を講じると答申した。ここで初めて、教職課程は「実践的指導力」の育成を担うことになる。

　1997 年になると、教養審「新たな時代にむけた教員養成の改善方策」第一次答申で、「教員として最小限必要な資質能力」が提示され、それは養成段階で修得すべきものとした。教育相談にかかわる実践的指導力としては、「幼児・児童・生徒に関する適切な理解（例：幼児・児童・生徒観）」、「教科指導、生徒指導等のための知識、技能及び態度（例：子どもの個性や課題解決能力を生かす能力、子どもを思いやり感情移入できること、カウンセリング・マインド、困難な事態をうまく処理できる能力、地域・家庭との円滑な関係を構築できる能力）」が示されている。これらは 2006 年の中教審「今後の教員養成・免許制度の在り方について（答申）」で、「教科指導、生徒指導等の職務を著しい支障が生じることなく実践できる資質能力」と説明している。

　古川は、「教科指導、生徒指導等」という広範囲の職務すべてを大学の教員養成によって育成し、「著しい支障なく」実践できる資質能力を新任教員が備えることができるようにするのは相当困難な課題と指摘した。そして、それは教員として着任してから教員研修や OJT によって学び、実践し、振り返る（リフレクション）ことによってこそ身につけられるべきだと主張する。また、大学の教員養成が「実践的指導力の基礎」から「実践的指導力」そのものの育成に変質してきたことで、大学の教員養成段階と学校における現職研修で習得すべき水準の分担関係について整理する必要性を述べている。これは貴重な指摘である。大学では育成が困難な内容であっても大学で修得したものとして教員研修や OJT で扱われなくなる危険を含んでいるからである。

2. 実践的指導力が求められる要因

ここでは、実践的指導力を育成するために「教育相談」が導入された背景を教育政策とは別な観点から整理したい。

第一は、教育と児童福祉の分業体制が整ったことである。1970年代から校内暴力等の学校の荒れ、いじめや不登校等の生徒指導上の課題に教師たちは苦悩していた。とはいえ、戦後の新教育が12万人の戦災孤児、60万人を越える不登校や不就学児への対応という状況の中でスタートしたことを考えると、教育の困難は1970年代以前から存在していたといえる。ただ、城丸章夫が、学校には「福祉的施設の一種として子どもの預かり所としての特質」があったというように、福祉的機能も備えた教育機関として、当時は学校が認知されていた。しかし、児童福祉行政の整備とともに、特殊・個別・多様なニーズを持った子どもは福祉が専門性を持って対応し、学校は一般的な子ども全般に対して教育の質を追求するという分業体制ができあがっていった、と荒見玲子は述べる。その中で、学校に教育の専門機関としての質が要求されるようになったのである。

第二は、教育の質保証の要請の高まりである。経済界からの要請の背景に、高度経済成長とともに学校教育が「経済成長のための教育（or経済成長に資する人材のための養成システムとしての教育）」という方向づけの下に推進されるようになっていった、と広井良典は指摘する。さらに、1970年代後半になると高校進学率は90%を越え、児童生徒数は1980年代半ばにピークを迎えた。そこで学校教育は量的拡大から質への追求へとシフトしはじめたことも教育の質保証に影響していると考えられる。教育の大衆化という新しい時代において、経済成長を支える人材育成を担う教育機関としての学校の質をいかに保証するという課題が現れたからである。それは、教員の質保証に直結していた。

第三は、戦後新教育の時代からの教員の世代交代が進んだことである。教員の採用人数は1991年まで増加し続け、大都市圏を中心に経験の少ない若い教員の層が厚くなった。大量に入ってくる新任教員を学校で育成するゆとりが学校になくなってきたことも、新任教員に即戦力として働く力が求められた背景にあったと考えられる。

3.　教職科目で実践的指導力を教えるということ

　図8.1 は、教職課程の学生の学びを、「主体的－受動的」「文脈依存的－脱文脈的」の二つの軸による 4 象限で表したものである。「主体的－受動的」は、その学びが外発的動機づけによるものか、内発的動機づけによるものかという軸である。教職課程の学びは免許必修科目の単位を修得しなければ教職に就けないことから外発的動機づけによる学びと言えるため、「受動的」な学びを提供していることになる。

　「文脈依存的－脱文脈的」とは、学んでいる内容が、学校現場や子どもたちの状況に応じて判断・行動する時に活用することか、学問的で普遍的なことか、という軸である。実践的指導力については、子どもの個性や課題解決能力を育て、困難な事態をうまく処理

文脈依存的（実践的）

受動的（必修）	B 教育実習	A 学校ボランティア等
	C 授業	D 自主学習・研究等

主体的

脱文脈的（理論的）

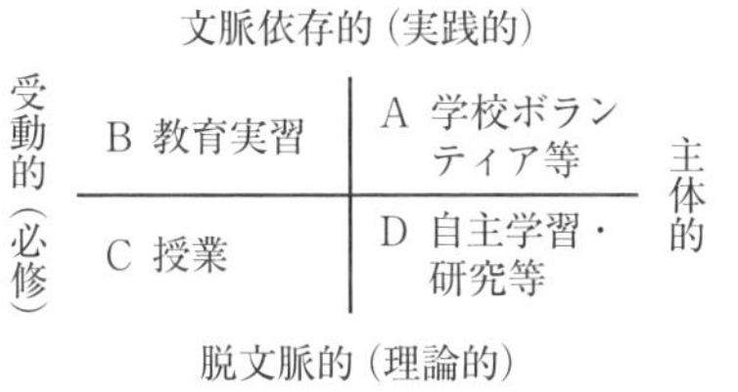

図8.1　教職課程の学生の学びの 4 領域

できる能力等が例示されていることから（教養審、1997 年）、「文脈依存的」な学びによって身につける資質能力といえる。

　「教育相談」をはじめとする大学における学びは、脱文脈的でしかあり得ない。なかでも D の「自主学習・研究等」の探究こそが大学らしい学びである。C の授業で身に付けた系統的な知識技能を基盤として学校の文脈依存的実践を調査検討する中で、実践的指導力につながる知見を得る可能性は大いに考えられる。D の自主学習・研究等で培われる課題発見や探究の姿勢は、教員になったあとに実践を深める大事な学びである。

第 3 節　教員研修における「教育相談」の歴史

1.　教育相談研修の隆盛

　そもそも教員はどのようにして、教育相談の実践的指導力を獲得するのだろうか。教育相談研修プログラム開発の変遷から探っていきたい。

　前述のとおり、1970 年代に教師たちは、さまざまな問題行動への新しいアプローチとして教育相談の理論や技法に関心を寄せるようになっていた。特に、都立教育研究所（以下、都研）教育相談部の小泉英二は、不登校をタイプ分けして教師ができる支援を示し[11]、対応にいきづまりを感じていた教師たちに希望を与えた。また、小泉は『月刊 生徒指導』[12]に、教育相談の理論や技法、具体的な事例と教師の対応およびコメントを連載し、子どもの心を理解したうえで教育を行う「カウンセリング・マインド」の大切さを説いた。この連載は全国の教員が教育相談の新しい知識や実践を知る教科書的な役割を果たした。

　連載で紹介された事例の多くは、1972 年から都研が行った年間 30 回の「教育相談の長期自主研修会」の参加者たちから提供された。この研修は、小中高の校種ごとにグループとなり、各グループにスーパーバイザー（以下、SV）がついた。受講者の勤務校での事例や実践を持ち寄って小グループで検討するという、文脈依存的で、リフレクションと問題解決を重視したこの研修の満足度は高く、修了生が OB 会を結成して研究会を継続するほどだった。生徒指導と教育相談の連携が推進されるなど、実践的な効果も認められた[13]。教育相談を行うための資質能力である、①理論、②スキルはもとより、実践とリフレクションのサイクルの中で、③マネジメント能力が高められたことが、実践的指導力の育成に有効に働いたのではないかと考えられる。

　1970 年代後半になると、教育相談を学びたいというニーズは全国的にも高まった。1980 年代に、都研は教育相談の悉皆研修として「スクールカウンセラー研修・初級」講座を開始した。1 回 3 時間、全 11 回の初級研修の内容は「児童生徒理解」「生徒指導と教育相談」「学習指導と教育相談」「面接技法」「担任の行う教育相談」「親とのかかわり」等の脱文脈的な知識・技能を伝えた後、相互に実践交流協議を行うことによって文脈依存的な力を育てようとするスタイルの研修であった。初級修了者対象の希望者研修「スクールカウンセラー研修・中級」講座は、教育相談コーディネーター育成を目的とした研修である。「教育相談の自主長期研修会」と同じスタイルの、合宿も含む全 30 回の講座は受講者が抽選となることも多い人気講座となった。「スクールカウンセラー研

修・上級」講座は希望者研修ながら高倍率の試験選抜である。2 年間の講座で、1 年目は週 4 日都研教育相談部への内地留学、2 年目は週 1 日都研に行き、勤務校での実践のリフレクションを行い、助言を受けた。⁽¹⁴⁾上級を修了した者は東京都の教育相談を支える役割を担っていった。⁽¹⁵⁾

　このような教育相談研修体制が整ったのは、グループのファシリテーションを行い、受講者一人ひとりにリフレクションを促す SV を務めた研究者たちの存在が大きい。SV の一人であった東京大学（当時）の近藤邦夫は、カウンセリングの治療原理をそのまま教育の場に導入することに懸念を示した。すなわち、心理学の研究者が「学習指導や学級経営や課外活動等を中軸とする教師独自の働きかけの中で、どのような場合に子どもの心の成長が促進されあるいは阻害されるのかを、こまかく観察し、教育・臨床心理学的な評価を行ない、そのような努力の中で教師の有効な働きかけとは何であるかを明確化」することの重要性を強調した。⁽¹⁶⁾また、学校という教育システムそのものにも光をあて「予防的観点を含む、システムの問題を視野の中においた研究」を行う必要性も主張した。「実践的指導力」は子どもの思考や行動をコントロールできるようになる力、という概念に疑問を呈し、子どもたちの問題行動を通して見える学校システムそのものの問題にも光を当てようとした。教育相談研修プログラムが、教師たちの実践的指導力を高め得たのは、学校という複雑な場を教師にも子どもたちにも敬意をもって丹念に解き明かそうとした研究者たちの視点の下で開発され支えられたことにあるという事実は重視されなければならない。

2.　教育相談研修の縮小

　教師のニーズに応えて広がっていた教育相談研修は、2000 年代に入ると縮小しはじめた。総務省は行政改革の一環として 2005 年から各自治体に予算削減計画の策定を厳しく要請してきた。筆者の調査では、教育相談は大学でも学んできているという理由で、研修の縮小の対象になりやすかったという回答を多くの研修担当者たちから得ている。

　2009 年から開始され、2022 年まで行われた教員免許更新制度の講習（以下、

更新制講習）の必修科目のテーマに教育相談が含まれていたことも教育相談研修が通常の教員研修から減らされる理由となった。また、2009年から特別支援教育が本格的に実施されるようになり、特別支援教育に関する教員研修を新設する必要があったことも教育相談研修の予算削減に影響を与えた。さらに2020年からのコロナ禍は教育相談研修のうち対面でしか行えない面接練習等を困難にした。2022年度都道府県主催教育相談教員研修のうちHP上で公開されていた41都道府県について、希望者研修で、かつオンデマンド講座ではないものを確認したところ、教育相談研修の削減は顕著で、マネジメント力を育成するのに不可欠な「事例検討会」を開講していたのは6自治体にとどまった。⁽¹⁷⁾しかし、2022年度に免許更新制が廃止され、代わって教員の資質能力向上のための研修の充実という方針が示されたことと、コロナ感染が落ち着いたことから、教育相談の教員研修講座数は2023年度から増加に転じている。コロナ禍を経て、脱文脈的な内容はオンラインやオンデマンドでも学べるようになり、文脈依存的な内容に絞って対面で学ぶといった工夫が見られる自治体も見受けられるようになった。

第4節　教職科目による実践的指導力育成の可能性と課題

1.　教職科目「教育相談」のコアカリキュラムの検討

　2019年度から、教職課程の質保障を目的に、すべての大学の教職科目で共通に修得すべき資質能力を示した教職課程コアカリキュラム（以下、コアカリ）が導入された。⁽¹⁸⁾表8.1は「教育相談（カウンセリングに関する基礎的な知識を含む。）の理論および方法」のコアカリである。一般目標は（1）教育相談の意義と理論、（2）教育相談の方法、（3）教育相談の展開に分類されていた。これらは、学校で教育相談活動を行う時に求められる教員の能力である①理論、②スキル、③マネジメントの三領域に対応しているといえる。

　それぞれの到達目標については、一般目標「（1）教育相談の意義と理論」および「（2）教育相談の方法」は、講義と練習によってある程度身につけること

ができる脱文脈的知識・技能である。ただし、(2) の 1)「……不適応や問題行動の意味……シグナルに気づき把握する方法」は、対象や状況に応じて多種多様に存在する。実践的指導力の水準まで育成するためには、複数の典型的といえる事例について学生が考え協議するような授業である必要がある。

　「(3) 教育相談の展開」の到達目標はほとんどすべてが、③マネジメントで、学生に授業で教えるには困難な「文脈依存的」内容である。1)「職種や校務分掌に応じて、幼児、児童及び生徒並びに保護者に対する教育相談を行う際の目標の立て方や進め方を例示することができる」の授業を考えてみたい。まず、学校における職種は、厚生労働省の分類では管理職と教員である。職種に応じた、

表 8.1　「教育相談 (カウンセリングに関する基礎的な知識を含む) の理論および方法」のコアカリキュラム

全体目標	教育相談は、幼児、児童及び生徒が自己理解を深めたり好ましい人間関係を築いたりしながら、集団の中で適応的に生活する力を育み、個性の伸長や人格の成長を支援する教育活動である。幼児、児童及び生徒の発達の状況に即しつつ、個々の心理的特質や教育的課題を適切に捉え、支援するために必要な基礎的知識 (カウンセリングの意義、理論や技法に関する基礎的知識を含む) を身に付ける。
一般目標と到達目標	**(1) 教育相談の意義と理論** 一般目標 　学校における教育相談の意義と理論を理解する。 到達目標 　1) 学校における教育相談の意義と課題を理解している。 　2) 教育相談に関わる心理学の基礎的な理論・概念を理解している。 **(2) 教育相談の方法** 一般目標 　教育相談を進める際に必要な基礎的知識 (カウンセリングに関する基礎的事柄を含む) を理解する。 到達目標 　1) 幼児、児童及び生徒の不適応や問題行動の意味並びに幼児、児童及び生徒の発するシグナルに気づき把握する方法を理解している。 　2) 学校教育におけるカウンセリングマインドの必要性を理解している。 　3) 受容・傾聴・共感的理解等のカウンセリングの基礎的な姿勢や技法を理解している。 **(3) 教育相談の展開** 一般目標 　教育相談の具体的な進め方やそのポイント、組織的な取組みや連携の必要性を理解する。 到達目標 　1) 職種や校務分掌に応じて、幼児、児童及び生徒並びに保護者に対する教育相談を行う際の目標の立て方や進め方を例示することができる。 　2) いじめ、不登校・不登院、虐待、非行等の課題に対する、幼児、児童及び生徒の発達段階や発達課題に応じた教育相談の進め方を理解している。 　3) 教育相談の計画の作成や必要な校内体制の整備など、組織的な取組みの必要性を理解している。 　4) 地域の医療・福祉・心理等の専門機関との連携の意義や必要性を理解している。

(出所) 文部科学省総合教育政策課「教職課程認定申請の手引き (2020 年度解説用)」2019 年、179 ページ。

といっても、大学の授業で、管理職と教員の教育相談の進め方の違いを教える
必要はあるのだろうか。「校務分掌」も校種や地域によって呼称も内容も異なる。
これらは教員になってから現職教育で学ぶしかない内容で、大学で例示するの
は困難である。2)「いじめ、不登校、……等の課題に対する……発達段階や発
達課題に応じた教育相談の進め方……」についても、「脱文脈的」に大学で教え
られる範囲で教えるだけでは実践的指導力は身につかない内容である。多くのタ
イプの事例等を通して「文脈依存的」に学ぶしかないが、15 コマの教育相談の
授業だけでは困難である。「3) 教育相談の計画の作成や必要な校内体制の整備
など、組織的な取組み」は、教育相談コーディネーターが中心となって推進す
べき内容であり、学生に教えても理解するのは難しい。教育相談は組織的に取
組むべきものであり、同僚や教育相談コーディネーターや管理職と相談しながら
教育相談を進めることを理解する、とするのが現実的であろう。ただし「4) 地
域の医療・福祉・心理等の専門機関との連携の意義や必要性を理解している」
に関しては、大学の授業の中で「脱文脈的」に教えることができる。現場の教
員も専門機関や連携についての知識は少ない。大学で体系的に教えることで専
門機関の全体像や連携方法を理解している教員を育成することは可能である。

　コアカリの内容に課題がある要因として、第一には牛渡淳も指摘するように、[(19)]
コアカリ作成にそれぞれの専門学会が関わっていなかったことが挙げられる。
例えば、教育相談も日本学校教育相談学会と連携して協議し作成する方が適切
なものができたのではないか。第二には、教員研修との接続が全く考えられて
いないことである。そのために、教室で学ぶだけでは理解が困難な内容もカリ
キュラムに入ってしまう。それにもかかわらず、大学で学んでいるという理由
で教員研修が削減されるとすれば、実践的指導力の育成はかえって困難になる。

2. 海外の小学校教員養成における実践的指導力育成

　日本は教育実習の期間が諸外国に比べて少ない（日本：2 ～ 4 週、アメリカ：
12 週以上（22 州）、イギリス：4 年制養成課程で 32 週以上、教職専門課程（1 年）で
18~24 週[(20)]）。筆者は、2014 年と 2022 年にオランダを訪問し、小学校教員養成に

かかわる大学教員にもインタビューしている。オランダでもカウンセリング技法等を含む教育相談にあたる科目は教職必修科目であった。

　オランダの小学校教員養成大学（PABO）では、教育実習は4年間断続的に行われていた。週に2日実習日があり、加えて、1年生の後期から3年生後期までは各セメスター2週間、4年生は各セメスター4週間の教育実習が行われる。実習校を調整する機関があり、実習校の途中変更は可能である。教育実習専門の大学教員がいて、実習生の指導助言をし、悩みも聞く。その中で教育実習が実践とリフレクションを行う場として機能しているように見えた。受け入れる教員にも負担感を尋ねたが、学年が上がると学生も実践的指導力がついて、4年生は教員と同じ仕事ができるようになるのでかえって助かっているという話だった。なお、教育実習専門の大学教員は初任者研修も担当していた。

　実践的指導力は、文脈依存的な学びがあって育成される。教職課程に欧米のような長期教育実習システムがあれば、理論の学習・実践・リフレクションのサイクルを通して、大学教育の中で実践的指導力を身につけることができるだろう。しかし、日本は開放制の教育課程を採用していることもあり、諸外国のような長期の教育実習は不可能である。脱文脈的な内容が得意で、探究的に学ぶことができる場で、学校の実践を支えられる研究者がいるのが大学である。「即実践」の指導力育成を大学に求めるのではなく、学生が実践から探究できるような学校との連携を進め、その探究活動への助言を通して研究者が学校の実践の深まりを支える可能性を追求する方が現実的、合理的であると考える。

注
（1）和井田節子『教育相談係どう動きどう楽しむか』ほんの森出版、2005年、8-18ページ。
（2）教師の学習の研究では、日頃の実践をいかに振り返るかということは重要なポイントである。教職に関する研究領域でリフレクションの有用性を指摘する研究は多い。脇本健弘・町支大祐らの研究では、「具体的経験（実践）」→「内省的観察（リフレクション）」→「抽象的概念化（仮説や持論の生成）」→「能動的実践（やってみる）」というサイクルを通して教師は学んでおり、専門性と協同性が共に高い学校の教師の方がそのプロセスをうまく実行していることを確認している。

（中原淳監修、脇本健弘・町支大祐著『教師の学びを科学する——データから見える若手の育成と熟達のモデル』北大路書房、2015 年、184-185 ページ。）

(3) 和井田節子「学校教育相談の力量育成」『学校教育相談研究』32、2022 年、5-13 ページ。

(4) 栗原慎二『教育相談コーディネーター』ほんの森出版、2020 年、10 ページ。

(5) 原野広太郎「第 3 分科会学校カウンセラーからの提言：教育心理学と学校カウンセリング」『教育心理学年報』18、1979 年、19-20 ページ。

(6) 坂本昭「『教師教育』の改革動向——『大学における教員養成』の視点から」『福岡大学研究部論集 A：人文科学編』9 (4)、2009 年、15-24 ページ。

(7) 古川治「教師の資質能力向上策の歩みと教員養成の高度化：『求められる教師像』と『実践的指導力』の検討を通して」『甲南大学教職教育センター年報・研究報告書 (2013 年度)』2014 年、1-8 ページ。

(8) 城丸章夫「学校とは何か」『教育』1973 年 9 月号、国土社、1973 年、6-15 ページ。

(9) 荒見玲子「教育と児童福祉の境界変容」大桃俊行・背戸博史編『日本型公教育の再検討』岩波書店、2020 年、187 ページ。

(10) 広井良典「教育と福祉の連携——ポスト成長時代の社会構想とケア」『社会福祉学』58 (4)、2018 年、103 ページ。

(11) 小泉英二『登校拒否 その心理と治療』学事出版、1974 年。

(12) 『月刊　生徒指導』は 1971 年に学事出版の編集者佐藤敏により創刊された。その後、1987 年に同じく佐藤によって学事出版から『月刊　学校教育相談』が創刊され、小泉英二の教育相談に関する連載は、『月刊 学校教育相談』に引き継がれた。

(13) 東京都立教育研究所相談部『教育相談 20 年の歩み：昭和 33 年から 52 年まで』1980 年、14 ページ。

(14) 小泉英二『学校教育相談 初級講座』学事出版、1990 年。

(15) 和井田節子「学校教育相談に関する教員研修の変遷——小泉英二の業績を中心に」『名古屋女子大学紀要』55、2009 年、183-195 ページ。

(16) 近藤邦夫「準備委員会企画シンポジウムⅢ　今、教育相談に何が必要か：カウンセリングの心と教師」『教育心理学年報』25、1985 年、17-18 ページ。

(17) 和井田、前掲論文、2022 年。

(18) 文部科学省「教職課程コアカリキュラム」教職課程コアカリキュラムの在り方に関する検討会、2017 年。

(19) 牛渡淳「教師教育改革と私立大学の課題」『日本教師教育学会年報』28、2019 年、12-18 ページ。

(20) 中央教育審議会 教員の資質能力向上特別部会「教職生活の全体を通じた教員の資質能力の総合的な向上方策について（審議経過報告）」2011 年 1 月 31 日、23 ページ。

第 3 部

教職課程をめぐる制度を問う

・第9章
教師教育における学びの主体性

● 勝野正章

第1節　免許制度が強いる学びというリスク ●━━━━━━

　2022年7月1日をもって廃止された教員免許更新制（以下、更新制）は、グランドデザインが提案する免許制度に教訓を与えてくれる。2009年度に始まった更新制はそれまで終身有効であった免許の効力に期限を設け、文部科学大臣の認定を受けた更新講習の受講・修了を免許更新の必須条件とした。教員が保有する知識・技能の定期的アップデートを目的とする制度であったが、教員の自発性や主体性を基盤とするものではなく、（少し語調は強いかもしれないが）「脅し（threat）」によって学びの持続を強いるものであったといえる。この点について、更新制の「発展的解消」を提言した中央教育審議会の特別部会は次のような認識を示している。[(1)]

　　免許状を更新しなければ職務上の地位の喪失を招きかねないという状況の下で、変化を前向きに受け止め、探究心を持ちつつ自律的に学ぶという、高度な専門職にふさわしい水準で教師の主体的な姿勢が発揮されてきたと評価することには慎重にならざるを得ない。そうした制約の下での学びは、形式的なものとなり、学習効果を低下させてしまいかねない。

　教員免許は、原則的に非保有者が教職に就くことを認めない業務独占資格である（教育職員免許法3条）。確かに、更新講習の実践においては、教員の主体的な学びを促進する工夫や努力が行われていた。しかし、特別部会は断定を避

けているものの、免許失効、そして失職という「罰」によって保障される更新制の学びは、基本的に主体性とは無縁であると言ってよい。非主体的な学びであれば、その効果にも疑問符が付く。

　翻って、グランドデザインが提案する免許制度においても、学びの主体性が重要な論点となるだろう。グランドデザインが提案する「標準免許」（仮称）は、修士レベルでの学修・研究を基礎資格とする。現在は学士を基礎資格とする一種免許状が事実上の標準免許であるから、提案は免許取得のための学びの延長を意味している。グランドデザインでは、現在の一種免許状に相当する「基礎免許」（仮称）でも教職に就くことを可能としており、「標準」を絶対条件の意味では用いていない。この点、現在も短期大学士を基礎資格とする二種免許状の所持者が、高校以外であれば少なくとも制度上は問題なく教職に就けるのと同じである。しかし、もし「標準免許」の取得、すなわち都合 6 年間にわたる教職課程の学びを任意とするのであれば、そもそも「標準」とする意味はない。「標準」である以上、何らかの形で制度的・社会的に免許取得を「迫る」ことになる。ここにグランドデザインの提案が、更新制がそうであったように、教職課程の学びを非自主的で形式的なものとするリスクがあるといえる。

　もっとも、「免許取得のための学び」は「ための」という言葉が示すとおり目的に対する手段として位置づけられており、もとより一定の強迫性を免れるものではないともいえる。これは医師、弁護士、公認心理師など教員以外の免許・資格を取得するための学びでも変わらない。また、免許取得のために仕方なく始めた学びの魅力に「ハマり」、学びが手段から目的に変化することもある。そう考えるならば、免許制度による学びの強制リスクを予め縮減することを考えるより、学びの過程において主体性の担保に務める方が生産的といえるかもしれない。

第 2 節　「新たな教師の学びの姿」にみる主体性

　では、そもそも学びの主体性なるものをどう考えればよいのだろうか。この

問い対する一つの回答を「主体的な学びのマネジメント」というフレーズに見出すことができる。中央教育審議会は更新制の反省のうえに立って、「新たな教師の学びの姿」を提唱した。それは、新たな研修履歴制度を導入し、フォーマルな研修だけでなく、校内研修や授業研究、OJT など多様な学びが承認され、提供される環境のもとで、教員は「職務遂行に必要な資質能力を自ら定義しながら主体的に学びをマネジメントしていく[2]」というものである。「新たな教師の学びの姿」は、自分自身で「個別最適な学び」を選択し、自律的に研修に取り組むセルフマネジメントとして提示されている。

　このような教員の学びは、新自由主義の労働論で指摘される、企業家（アントレプレナー）としての自己プロジェクト[3]のバリエーションであると言ってよいだろう。「『将来の姿』と『現在の姿』の間を埋めるという明確な目的意識に基づき、必要な学びを順次選び取ること」が「自律的な学びの駆動力[4]」であり、学びの自主性は目的に紐づけられて成立する。最適な到達目標を備えた学習コンテンツを選択し、一歩ずつ階段を昇っていくように「将来の姿」に近づいていく学びからは、コンピュータゲームでキャラクターの XP（経験値）をあげていくのに似た達成感が得られるかもしれない。その達成感がさらに「将来の姿」に向けたスキルアップ（キャリアアップ）としての学びを駆動する。

　もはや特に目新しい議論ではないが、現代のテクノロジー主導型イノベーション社会において、学びは労働の成果・生産性の最大化を図る新たな組織原理として定着している[5]。現代の学習（社会）批判の代表的論者であるガート・ビースタ（Gert Biesta）は、このような学習が専ら経済的・社会的効用の観点から捉えられ、主体形成や民主主義社会の保持という教育固有の目的が削ぎ落されていることを批判する[6]。さらにビースタらによれば、このような学びには不平等（inequality）が内包されている[7]。なぜなら、有用な知識や技能、資質を欠く者の対になるものとして、それらをすでに保有している（少なくとも、理解している）者の存在と、後者による前者の充足が前提になるからである。

　現代の学習社会において学習者は有用な知識や技能、資質（その代表格が主体性、自律性である）を欠く者、「まだ完成に至らぬ者（the one who is not yet complete⁽⁸⁾」として表象される。この「まだ～ない（not yet）」という欠如（gap）は学習によって充足されなくてはならないが、充足状態は長くは続かない。「変化の激しい社会」では、有用な知識や技術の陳腐化が急速に進行する。そのため、「もう～ない（no longer）」という「永続的な脅し」（permanent threat⁽⁹⁾）」により、学習者は生き残りを賭けて常に学び続けることが必要になる。ビースタらが学びを欠如として把握するのに対し、ジャン・マセチュラインは「生き残り（survival）」として捉える。ビースタらが階層的秩序（権力関係）への包摂として捉える学びは、マセチュラインの視点から見ると、無用化という排除として立ち現れるという違いがある⁽¹⁰⁾。しかし、両者を学びの対立的な把握として受け止める必要はないだろう。「まだ～ない」と「もう～ない」は連続性・循環性において捉えられるのであり、包摂と排除も現代社会における学びというコインの表裏として理解することができるだろう。

　「教師の新たな学びの姿」もまた、岸田内閣が唱える「新しい資本主義」を構成するリスキリングの教員版として、「まだ～ない」と「もう～ない」によって駆動される学びであるといえる。「『将来の姿』と『現在の姿』の間」は、子どもの認知的・非認知的な発達段階に適した課題を設定するための知識であったり、ICT の利活用スキルであったりする。現在は「まだ～の知識や能力が不足している」「まだ～の資質が身についていない」という欠如を認識する手がかりは、教員の資質能力を系統的・段階的に整理したスタンダード（教員育成指標や教員養成カリキュラム）によって提供される⁽¹¹⁾。ここではビースタらの指摘する、学習者の権力関係への包摂を見ることができる。「まだ完成に至らぬ者」は、学びによって実現される「将来の姿」を知る由もなく、他者の権威や奨励に依存せざるを得ない。実際、「新たな教師の学びの姿」では、任命権者や服務監督権者・学校管理職が教員の「キャリアアップの段階を適切に踏まえるなど、教師本人のモチベーションとなるような形」で、「適切な研修を奨励」することは当然とされている⁽¹²⁾。

　「教師の新たな学びの姿」では、更新制のようにただちに失職のような重大な罰が待ち受けているわけではないが、有用な知識・技術や資質を学ばず、欠

如をそのままにしておくことによる排除のリスクはやはり存在する。昇任や昇給に係るものがそうだが、より本質的なのは制度・組織内での非承認というリスクであろう。「あの教員は学ぶ意欲がない」という言辞は、現在の教員社会において、その言辞が向けられた教員を極めて強力に排除する効果を有している。そのようなリスクを回避するため、教員は意欲的、主体的な学習者であろうとするし、そうでなければ生存できない。学びが生と一体化した教員社会において、「主体的な学びのマネジメント」というフレーズは、ミシェル・フーコーの「自己のテクノロジー（technologies of the self）[13]」を想起させる。真理の所在を師の教育のなかに措定したストア派の人々は、自分自身に働きかけ、変えようとして、自分の行為は計画（目的）にいかに対応していたかを調べ上げることで、自己認識が実は自己放棄に至るという逆説を現実化していた。

第3節　「まだ〜ない」の学びを相対化すること

　養成教育と現職教育とを問わず、教師教育には、将来のより良い活動という収穫のためにいま知識と技術の種を蒔くという思考的前提がある。このことは、「まだ〜ない」の学びが教師教育の主役となることを意味している。知識・技能、あるいは資質は学ぶ者の潜勢力（potentiality）[14]となるが、やがてそれらは現実（現勢）化されるべきものである。こうした考えに基づき現在及び将来の教員の専門性を高めることが、教員の社会的地位の向上や信頼の獲得に繋がるという専門職化論はある程度までは有効だろう。しかし、現実（現勢）化の観点から捉えることは、とりもなおさず教員の潜勢力としての知識・技能、資質が有用性の効果として測定・評価の対象となることである。また、実践的指導力論のように、現実（現勢）化される知識・技能、資質のみ意味があるのであり、そうではない教員の潜勢力は無価値であるという主張とも連続性があることに注意しなければならない。そのようにして、教員がなり得る（can be）教員、し得る（can do）ことと、なるべき（must be）教員、しなければならない（must do）ことの間（欠如）が埋められることで、教員は自由（こう言ってよけ

れば、真正な主体性）を喪失するからである。

　ここでは、教師教育における学びは、「まだ〜ない」のロジックに基づき、「将来の姿」に近づいていくための潜勢力（知識・技術、資質）への投資を意味する。学びによって、この「まだ〜ない」は消去されるが、潜勢力を完全に現実（現勢）化するということは、潜勢力を消去することに他ならない。ジョルジョ・アガンベンが「一般的な潜勢力（generic potentiality）[15]」と呼ぶものは、特定の職に就く、特定の人物に育つために投資される（学ばれる）ものであるが、それは現実（現勢）化されることによって消尽され、余りを残さない。つまり、この潜勢力は現実（現勢）化に従属し、現行の秩序のなかで正しく位置を占める主体となるためには、消去されなくてはならないものである。

　このような「一般的な潜勢力」に対して、アガンベンはもう一つの潜勢力をあえて「非潜勢力（impotentiality）[16]」という概念を用いて提示している。この「非潜勢力」とは、単に能力の欠如した状態を指すのではない。そうではなく、あることをしない、ある人物にならないこと、すなわち知識・技能や資質を現実（現勢）化しない能力を保持することを指している。潜勢力を活動によって消尽するのではなく、活動のなかで保存すること、いわば「潜勢力をそれ自体に委ねること（giving of the potentiality to itself）[17]」である。アガンベンは、弁護士の上司の指示に対して「しない方がよいと思います」との返答を繰り返す書記バートルビーに関する論考[18]をはじめ、繰り返し、このテーマに立ち戻って議論を展開するが、それは潜勢力を保有することが自由（主体性）を増大させるという常識を揺さぶり、両者の関係についてより深い洞察を私たちに求めるものである。「私たちが見てきたように、自由であるということは、自分自身の非潜勢力であることができるということである（To be free is, in the sense we have seen, to be capable of one's own impotentiality）[19]」。

　教師教育において、「まだ〜ない」の学びが有用であることは言うまでもないが、それだけであれば学びの主体性は制約され、現在と将来の教員が「変化の激しい時代」に創造的・実験的に教えることを励ますことにはならないだろう。学ぶものが潜勢力（「〜ができる」「〜になれる」）を経験するには、非潜勢

力（「〜をしないことができる」「〜にならないことができる」）を経験する必要が
あるという、一見逆説的な学びを教師教育のグランドデザインはどのように構
想できるのだろうか。言い換えるならば、これはあえて「将来の姿」（目的）に
「現在の姿」（活動）を従属させない教師教育の学びの創出という課題である。

第4節　おわりに

　本章ではまず、教師教育のグランドデザインが提案する標準免許（仮称）制
度が学びを非主体的なものとするリスクを免許更新制の教訓として指摘した。
続いて、そもそも学びの主体性というものをどう考えればよいのかという問い
を立て、その一つの回答である「新たな教師の学びの姿」が提示する「主体的
な学びのマネジメント」を現代の学習（社会）論批判の文脈にのせて検討した。
さらに、アガンベンの「潜勢力―非潜勢力」に注目することで、教師教育にお
ける学びの主体性（自由）のオルタナティブな在り方を考察する足場を得よう
としてきた。

　グランドデザインの出発点は、知的学問探究のプロセスとしての教員養成に
とって学部教育だけでは不十分であり、学士（学部）課程に修士レベルを付加
した6年間が必要であるという認識から出発している。その学びの延長を担保
する（「迫る」）仕組みが修士レベル免許の標準化である。ただしこれは6年間
の連続した学びを絶対とするものではなく、特に延長される修士レベルの教員
養成課程については、標準免許（仮称）取得ルートの多様性を制度原理に据え
ている。また、「学びたいときに学べる」環境の整備として、費用負担（経済的
保障）や研究休暇制度に関することなどを提言している。しかし、これらが果
たして免許制度による学びの強制を回避する十分条件足り得ているかは、引き
続き検討が必要だろう。

　もう一つの課題は、学びの主体性自体についての考察から導き出された、
「まだ〜ない」の学びではない学びをどのように創出するかである。グランド
デザインでは、いわゆる実践志向のカリキュラムとは距離を起き、知的学問探

究としての学びを市民的、教育学的、教科の 3 つの教養の統一として構想している。それでもなお、目的に紐づけられた知識・技能の学び、資質の育成という、教師教育の「操作性（operativity）」志向（これは、つまるところ「効果（effect）」の思考でもある）⁽²¹⁾をどのように相対化できているかは、慎重に考えていかなくてはならないだろう。教師教育において、「将来の姿」、目的と紐づけられた、したがって欠如を埋めるための学びではない学びを保障することは非常に困難な課題であるといえるが、継続して思考していきたい。

注

(1) 中央教育審議会「令和の日本型学校教育」を担う教師の在り方特別部会「『令和の日本型学校教育』を担う新たな教師の学びの姿の実現に向けて　審議まとめ」令和 3 年 11 月 15 日、pp.31-32. なお、同特別部会は、令和 4 年 10 月 5 日に中間まとめを報告、これを受けて中央教育審議会として、令和 4 年 12 月 19 日に「『令和の日本型学校教育』を担う教師の養成・採用・研修等の在り方について〜「新たな教師の学びの姿」の実現と、多様な専門性を有する質の高い教職員集団の形成〜（答申）」を取りまとめているが、以下では更新制に対する反省的評価を踏まえて、教員の学びの主体性について集中的に検討していると考えられる「審議まとめ」から鍵となる考え方、概念を参照し、引用した。

(2) 同上、12 ページ。

(3) 例えば、Bröckling, U., *The Entrepreneurial Self : Fabricating a New Type of Subject*. London: Sage, 2015.

(4) 中央教育審議会「令和の日本型学校教育」を担う教師の在り方特別部会、前掲、14 ページ。

(5) Masschelein, J., The discourse of the learning society and the loss of childhood. *Journal of Philosophy of Education*, 35(1), 2001, 1–20. Masschelein, J., Simons, M., Bröckling, U., & Pongratz, L., The Learning Society from the Perspective of Governmentality. *Educational Philosophy and Theory*, 38(4), 2006, 415-415.

(6) ガート・ビースタ著、上野正道監訳『教えることの再発見』東京大学出版会、2018 年。ガート・ビースタ著、田中智志・小玉重夫監訳『学習を超えて〜人間的未来へのデモクラティックな教育』東京大学出版会、2021 年。

(7) Bingham, C., & Biesta, G., *Jacque Ranciere: Education, truth, emancipation*. London: Continuum, 2010.

(8) Ibid., p.134.

(9) Masschelein, J., Simons, M., Bröckling, U., & Pongratz, L., 2006, op. cit. p.12.

(10) Lewis, T. E., Rethinking the Learning Society: Giorgio Agamben on Studying, Stupidity, and Impotence. *Studies in Philosophy and Education*, 30(6), 2011, 585-599.

(11)『日本教師教育学会年報』第 26 号（2017 年）、特集「『指標化』『基準化』の動向と課題」の諸論文を参照。

(12) 中央教育審議会「『令和の日本型学校教育』を担う教師の養成・採用・研修等の在り方について～「新たな教師の学びの姿」の実現と、多様な専門性を有する質の高い教職員集団の形成～（答申）」令和 4 年 12 月 19 日。

(13) ミシェル・フーコーほか著、田村俶・雲和子訳『自己のテクノロジー　フーコー・セミナーの記録』岩波現代文庫、2004 年。

(14) 本章で使用する「潜勢力」概念は、後述のとおり、ジョルジョ・アガンベンを参照している。岡田温司『増補 アガンベン読解』平凡社ライブラリー、2021 年を参照。また、寺道亮信「目的のない手段としての思考——ジョルジョ・アガンベンの議論に着目して」『東京大学教育学研究科紀要』第 61 巻、2021 年、641-649 ページ、は、「潜勢力と現勢力のあいだ」にある「思考」について考察しており、参考になる。特に教師教育の文脈でアガンベンの潜勢力を主題化している日本の研究は管見の限り見当たらないが、英語圏では例えば、Clarke, M. & Phelan, A.M., *Teacher Education and the Political: The Power of Negative Thinking*. London: Routledge, 2017. がある。

(15) Agamben, G., *Potentialities*. Stanford: Stanford University Press, 1999, p.179.（ジョルジョ・アガンベン著，高桑和巳訳『思考の潜勢力——論文と講演』月曜社、2009 年。）

(16) 教育の文脈で「非潜勢力」について論じた文献として、寺道亮信，前掲論文のほか、小玉重夫『学力幻想』筑摩新書、2013 年，152-154 ページを参照。

(17) Agamben, G., *The state of exception*. Chicago: University of Chicago Press, 2005, p.136.（ジョルジョ・アガンベン著，上村忠男・中村勝己訳『例外状態』未来社、2007 年。）

(18) ジョルジョ・アガンベン著，高桑和巳訳『バートルビー 偶然性について』月曜社、2005 年。

(19) Agamben, G., 1999 , op. cit., p.183.（cited in Lewis, T. E., 2011, op. cit., p.588）.

(20) Lewis, T. E., 2011, op. cit., p.588.

(21) Clarke, M. & Phelan, A.M. , 2017, op. cit., p.42.

・第10章
課程認定行政とコアカリキュラム

・仲田康一

第1節　はじめに：本章の課題

　本章は、教職課程認定において用いられている「コアカリキュラム」（以下、コアカリと表記することがある）について、手続的・形式的な観点で再検討を行うことを任務とする。具体的には、課程認定行政が許認可に関わる行政手続であるとの認識を出発点として、行政法学上の審査基準論を参考に、コアカリの問題点を改めて整理する。

　コアカリについては、2017年に策定された直後から、内容だけでなく策定過程に関して問題の指摘が相次いだ。牛渡淳は、コアカリの策定過程において専門学会の協力・関与がないことに加え、文部科学省内の検討会においてさえも、コアカリの位置づけや運用方法が「ほとんど『実質的』に議論されない」ままに、「再課程認定のスケジュールを優先して短期間で進められた」ことを指摘している。高野和子は、省令改正や再課程認定説明会等の年月日を整理しながら、「本来は、法律→省令→…と上位から下位へと定められていくべきところが、省令が確定していない時期に下位（コアカリ）から上位へとものごとが進められた」との批判を行っている。

　また、「外国語（英語）コアカリキュラム」（以下、英語コアカリと表記することがある）についても、それが委託研究報告書であることについての問題が指摘されている。高野は、「公的な会議の決定ですらなく、第三者による検証も経ていない」点で「その正統性が問われてしかるべき」と指摘しているし、牛渡も、委託研究の性質として、研究の自由の制約（文科省の委託意図）、研究期間

の短さ、学問的な検証の薄さなどを批判している[4]。中央教育審議会の教員養成部会においても、「事業委託の結果がそのままコアカリの形で出てしまうという、その手続上の問題」（第99回）が指摘されている。

　本章はこうした指摘を前提にしつつ、新たに作られた特別支援や、ICT コアカリをも俎上に上げ、それらを通じていかなる問題があるか再検討する。

第2節　コアカリキュラムと「審査基準」

1. 「コアカリキュラムは審査基準ではない」―をめぐって

　課程認定は、「認定」という語が用いられているものの、「『許可』概念にきわめて近く、あるいはこれに該当する[5]」というように、許認可という行政処分を求める行政手続の一つである。課程認定行政の法的性質を許認可行政として捉えることについて、勝野正章は、「課程認定行政の公正・透明性や認定基準について検討する際に有益な立脚点になる[6]」と指摘しているが、本章も同様の見解を共有している。

　申請に基づく行政処分（認可、許可等）により法的地位や権限が認められる法制度においては、法律あるいは告示等何らかの形式で、行政庁が判断を下す際によって立つべき基準や要件が定められる。行政手続法ではこれを審査基準と言い、「申請により求められた許認可等をするかどうかをその法令の定めに従って判断するために必要とされる基準」（第2条第8項ロ）と定義される。

　教職課程認定も、それが許認可行政である以上、「審査基準」が必要となる。では、どの文書が審査基準なのだろうか。これについて、例えば令和4年度開設用の『教職課程認定申請の手引き』（以降、『手引き』）には、次のような記述がある。

> 教員養成部会及び課程認定委員会における審査は、教育職員免許法及び施行規則並びに教職課程認定基準（以下、「認定基準」という。）のほか、以下に基づき行う。
> ・「教職課程認定審査の確認事項」
> ・「教職課程認定審査運営内規」
> ・「学科等の目的・性格と免許状との相当関係に関する審査基準」

　これを素直に読めば、下線（筆者による）を付した４点が、審査基準であるということになると思われるのであり、同様の認識は、勝野によっても示されている。[7]

　では、コアカリは審査基準なのだろうか。コアカリについて、それが「審査基準」であると明示した記述は管見の限り存在しない。「教職課程認定審査の確認事項」（2017 年 11 月一部改正）の２（6）に示されているように、あくまで、「授業科目の審査にあたっては、以下に定める事項〔筆者注：コアカリのこと〕の内容が含まれているか確認を行うこととする。」のであり、「確認」を行うための参照対象であることのみが明示されている。『法律用語事典』によれば、「確認」とは、「一定の事実又は法律関係の存否を有権的に確認すること」[8]であるとされる。このことからすれば、課程認定における確認行為とは、申請大学から提出されたシラバス上に、コアカリで示された事項が存在していることの認識を有権的に示すことを意味することになる。確認行為そのものは、許認可の判断を行うものではない。それゆえ、コアカリキュラムも私人に対して拘束力を有する法規命令ではなく、あくまで「確認」に関する省内の内部規則に過ぎないというのが建前となる。

　しかし、同じく「確認」という言葉を用いている「建築確認」について、行政法学者の小幡純子は、建築計画が法令に適合しているということを建築主事等が確認するのみであり、それ自体は、建築を許すあるいは許さないと公権的に決定する判断権を行使するものではないものの、これを得ないと適法に建築を行うことができないことから、建築確認は「行政処分」であり、「行政事件訴訟法」という行政処分にのみ適用される法律で規律され、裁判所に訴訟を提起する場合にはその前に不服申立てを前置することが要求されたり、不服申立期間が一定の期間に制限される等の技術的な諸制度が用意されていることを指摘している。[9]つまり、「確認」は許認可と不可分だということになる。

　教職課程認定の現実の実務を見ても同様のことがいえる。コアカリとの比較によって、シラバスの不足があれば修正が求められ、指摘に従わなければ科目担当ができない、さらには課程が認定されない蓋然性が高いからである。高野

は、再課程認定において、コアカリは「具体的な個別科目のシラバス作成にまできわめて強い拘束性を発揮した」と述べ、大学関係者の「怨嗟の声」さえ聞こえたとしている。この観察は、高野個人の主観ではない。実際、新たに認定された教職課程についての情報公開を見てみれば、全授業回に何らかの項目で〇が付けられている「コアカリキュラム対応表」がほぼすべてであることがわかる。コアカリは、これほどまでに「強い拘束性」を持ちながら、自らを「審査基準」とはいわないのである。

　審査基準であるかどうかという問題は、一見すると、些細なことと思われるかもしれない。しかし、そうではない。

　本来、許認可などの行政手続における「審査基準」は、行政手続法によって規律される。同法は、日本における行政指導や、許認可における不透明性の指摘を受け制定された行政手続の準則に関する法律であり、「行政運営における公正の確保と透明性」の向上を図るものである。日本の法律で初めて「透明性」という語を用いたこの法律は、行政運営における意思決定の内容と過程を明らかにすることを趣旨としている。行政手続法の要請については後述するが、行政機関は同法に定められた一定の手続を履践することが求められている。

　実は、勝野がすでに明らかにしているように、教職課程認定制度そのものが、行政手続法の要請に照らして課題を指摘されうる。例えば、課程認定基準の変更に際してのパブリックコメントがなされていないこと、大学設置基準が「告示」という法形式であり、一定の公開性があるのに対し、教職課程認定基準が「教員養成部会決定」という内部規則の形式を取っていること、また、大学による基準・手続の策定過程への参加・意見表明や認定結果に対する弁明の機会（聴聞）の保障についても整備されていないこと——などのような課程認定制度そのものの不備が指摘されている。

　関連することとして、膨れ上がる審査基準「等」の問題についても触れておかなければならない。『手引き』には、「Ⅳ.審査基準等」（強調筆者）という章があり、そこには、上記の審査基準や、コアカリを含む諸文書が掲載されている。これら文書群の中には、以前はQ&Aの中に掲げられていたものもあれば、

「○○について」という題の文書も含まれている。このように積み上げられた文書は、厳密にいえば「審査基準」ではなく、「等」に含まれる。「等」という曖昧な位置づけの中で、時々の行政的必要性に対応するための諸文書が付け加わっているのである。

　以上をまとめれば、そもそも教職課程認定における審査基準が、行政手続法を支える論理に照らして問題があることに加え、その外縁に広がるコアカリを含めた諸文書は、実質的には関係者を規律しながら、審査基準であるという法的位置から逃れることで、審査基準に対して本来求められる要請を回避するという「潜脱」が起こっているというのが、この間の状況であるといえる。

2.　審査基準に関する要請

　本来、審査基準にはどういった要請が課されるのだろうか。

　行政手続法は、審査基準の内容面として、それが十分に具体的であることが必要であると定めている。形式面では、それが公にされていることを求めるとともに、審査基準の制定手続においてパブリックコメントを要求している。これらは、同法が求める公正・透明性を具体化するための要件であると理解できる。

　また、行政手続法そのものは審査基準の作り方について明言していないものの、かねてより「審査基準運用上の課題として、審査基準制定手続のあり方が問題とされてよい」との指摘がなされている。同法が公正・透明性の向上を目指していることの当然の帰結として、作成される場の適切性――それが諮問機関であれば、委員の人選方法、運営方法を含む――が問われるだろう。

　さらに、審査基準策定の経緯に関して跡付けができるような情報公開が行われることもポイントであると考えられる。宇賀克也は、行政手続法が行政運営への透明性向上を図るものであることに注意を向けながら、「行政手続法全体が最広義の情報公開に寄与することになるともいえる」と指摘し、行政手続法と情報公開の関連性を論じている。「行政の透明・公正に関して、行政手続法と情報公開法は共通性を有するものと認められる」のであり、公文書管理や情

報公開を通じた審査基準策定過程の検証可能性も重要な要請であるといえる。

　もちろん、繰り返しになるが、コアカリは審査基準ではない。しかし、以下では、あえて審査基準に関する要請と比較してコアカリ策定過程を分析することで、その手続的問題性を浮き彫りにしようと思う。

第 3 節　コアカリの策定手続の問題性：　四つのコアカリを通覧して

　当初は教職課程と外国語（英語）の二つでスタートしたコアカリだったが、その後、特別支援学校教諭のためのコアカリが発表され、さらに教職課程コアカリキュラムに「情報通信技術を活用した教育の理論及び方法」を新規に盛り込んだ改訂版も発表された。

　整理のため、これらについて、いつ、どのような場で検討され、どのような手続で、どの主体が決定したかを次ページの**表 10.1** にまとめた。

　こうしてみると、時々の便宜に沿って、検討主体や文書形式が決定され、それらに付随して、関係者の参加や情報公開の程度などが異なっていることが見て取れる。以下、四つの観点からより詳細に検討していこう。

1.　文書形式

　まず、指摘したいのは、形式の非一貫性と、公開性の低さである。

　総務庁「行政手続法研究会報告（第一次）」では、審査基準の名宛人が申請人その他のいわゆる外部関係者であることを念頭に置いたうえで、審査基準の形式は「『告示』その他適宜の形式による」とされていた。[17] にもかかわらず、課程認定基準は内部規則である教員養成部会決定であるうえ、コアカリについても有識者会議決定や委託研究報告書という形式を取っていることは適切とはいえない。[18] このことは、勝野が指摘した通りである。

　しかも、従前、教職課程コアカリキュラムの在り方に関する検討会決定であったものが、(iv) において、突然、教員養成部会決定に変わっていることに

表 10.1　教員養成に関するコアカリキュラムのまとめ

	(i) 「教職課程コアカリキュラム」(従来)	(ii) 「外国語 (英語) コアカリキュラム」	(iii) 「特別支援学校教諭免許状コアカリキュラム」	(iv) 「教職課程コアカリキュラム」(現在)
形式	調査研究協力者会議決定	委託研究報告書	調査研究協力者会議決定	教員養成部会決定
検討主体	「教職課程コアカリキュラムの在り方に関する検討会」 設置日： 2016 年 8 月 2 日(初等中等局長決定)	調査研究実施機関(東京学芸大学) 公募日： 2015 年 4 月 16 日(初等中等局長決定)	「特別支援学校教育を担う教師の養成の在り方に関する検討会議」 設置日： 2021 年 10 月 21 日(初等中等局長決定)	「教員養成部会」 第 118 回教員養成部会 (2020 年 11 月 30 日) において「情報機器の活用に関する理論及び方法」のコアカリを設定し、教員養成部会名義とする旨が示される
検討時期	第 1 回会議 (2016 年 8 月 19 日) ～第 5 回会議 (2017 月 29 日)	平成 27 年度事業 (2015 年 6 月 1 日～2016 年 3 月 31 日) 平成 28 年度事業 (2016 年 6 月 1 日～2017 年 3 月 31 日)	第 1 回会議 (2021 年 10 月 25 日) ～第 8 回会議 (2022 年 7 月 27 日)	第 119 回教員養成部会 (2020 年 12 月 22 日) に先行事例ヒアリングを実施 第 120 回教員養成部会 (2021 年 1 月 27 日) に「案」が示され審議 第 124 回教員養成部会 (2021 年 6 月 28 日) において、再び「案」が示されるが、議論なし 第 125 回 (書面開催、2021 年 7 月 20 日) で決定
検討方法	会議における検討ワーキングにおける検討	委託研究(アンケート調査・有識者への聞き取り)	会議における検討ワーキングにおける検討	会議における検討
パブリックコメント	有り	有り	有り	無し
検討過程に関する情報公開	会議資料・議事要旨の公開(ワーキングを除く)	報告書中の説明	会議資料・議事要旨の公開(ワーキングを除く)	議事録の公開

作成：筆者

　も注意を向けたい。もちろん、教職課程認定は教員養成部会の所轄事項であることを考えれば、アドホックに立ち上げられる懇談会等の名義であるより、教員養成部会決定とした方がよりましではある（懇談会等については、本節 3. を参照）。しかし、教員養成部会決定にしたことの理由として、文部科学省の教員免許企画室長は、「（コアカリの改訂のたびに）別の会議体を立ち上げて、教員養成部会に返していただくというやり方も考えられるところでありますけれども、よりスピード感を持って改訂、ないし実行に取り組んでいく観点から、今後は

教職課程のコアカリキュラムについては、教員養成部会の名義として、教員養成部会で議論をしていただいて固めていくと、このようなことをすればどうかと考えております」と述べている。ここからは、当該の文書形式の変更はあくまで「スピード感」が重視された結果に過ぎず、文書形式の適切性の確保が意識されているわけではないことが見て取れる。他の諮問機関の名義による（i）と大部分が重複するものをそのまま名義変更することの是非についても議論されないなど、アドホックな対応であると言わざるをえない。

2. パブリックコメント

　当初作られた二つのコアカリについてはパブリックコメントが実施された。意見募集時のe-Gov（電子政府の総合窓口）該当ページを見てみると、「行政手続法に基づく手続か」という項目に「任意の意見募集」とある。もしコアカリが行政手続法上の審査基準であれば、パブリックコメントの実施は任意ではありえない。ここでも、「コアカリ≠審査基準」という設定が一貫していることがわかる。

　しかしここで想起したいのは、教職課程認定基準については、その改訂時に個別にパブリックコメントは行われていないということである。そのようななか、審査基準でないと自称するコアカリ設定時だけ、行政手続法上は必要のないパブリックコメントが行われていることにいかなる意味があるのか。一つの推測としては、医学等、先行分野におけるモデル・コア・カリキュラム設定時にパブリックコメントが実施されていたことに倣った可能性を指摘できる。また、もう一つの推測として、コアカリ設定に対しては大学人や教育学者らからの批判が多かったこともあり、パブリックコメントを実施することで正統性を高めようという判断があった可能性を指摘できよう。

　たしかに、パブリックコメントを行うことは、策定過程をより丁寧で開かれたものにするという意味で歓迎されるべきことではある。

　だが、牛渡の報告によれば、「コアカリキュラムの在り方に関する検討会」の最終（第5）回は、パブリックコメント締切日のわずか4日後であり、代表

的な 24 件の意見の一覧および回答案と、それらのうちの一部に基づいたコア
カリ修正案とが示されたうえで、座長預かりとなった。さらにその 4 日後には
コアカリ案が教員養成部会に報告され、直ちにコアカリを用いた再課程認定の
説明会が全国で開始された。以上からは、パブリックコメントが検討過程の中
に重みを持って位置づけられていたとは言い難いという実態が垣間見える。こ
のことは、反対論への一応の防御としてパブリックコメントが用いられたので
はないかという疑念を抱かせるものである。

　加えて、(iii) の設定時にはパブリックコメントを実施するという方式が踏襲
されたものの、(iv) の設定の際にパブリックコメントがなされていないなど、[22]
ここにおいても一貫性のなさが目立つことも指摘しておきたい。

3.　作成される場

　先述のように、審査基準制定手続について行政手続法は特段の定めを置いて
いない。しかし、それが検討会（議）決定や委託研究報告書として示されてい
ることについては、第 2 節の 1. で示した文書形式の問題に加えて、次のような
問題を指摘できる。一つには、教職課程認定の審議が中央教育審議会の教員養
成部会に委任されていることからすれば、審査基準制定手続も同部会で行われ
ることが原則であると考えられる。これに対し、コアカリは、課程認定に大き
く関わるものであるにもかかわらず、**表 10.1** からわかるように、関連する検討
会（議）や委託研究は、それぞれ初等中等局長決定で開始されている。つまり、
教員養成部会が自ら設定し、検討を委ねたわけではないという不整合がある。

　コアカリが検討会（議）決定となっていることについては、行政組織論の観
点でも問題がある。そもそも、「検討会」「検討会議」は、「懇談会等行政運営
上の会合」ないし私的諮問会議と整理され、内閣府設置法および国家行政組織
法が定める正規の審議会とは別物である。[23]その違いについて、竹中平蔵総務大
臣（当時）は、「私的諮問機関は審議会等とは異なり、行政運営上の意見交換の
場」であると答弁しており、こうした整理の帰結として、「仮に報告書等の名
目で意見集約の結果が公にされても、それが合議体としての行政機関の意思と

いうる意味をもつものではない[24]」と理解されている。にもかかわらず、コアカリが調査研究協力者会議「決定」という文書形式を取っていることに対しては、「聴取した意見については、答申、意見書等合議体としての結論と受け取られるような呼称を付さないものとする」とする政府自身の方針[25]との離齬を否定できないだろう。

4.　策定過程に関する情報公開

　上で述べた懇談会等と審議会との区別は、策定過程に関する情報公開にも関連する。

　まず、情報公開の程度について、懇談会等は議事録の公開は義務づけられていないことが重要である。実際、「教職課程コアカリキュラムの在り方に関する検討会」にしても「特別支援学校教育を担う教師の養成の在り方に関する検討会議」にしても、公開されているのは議事要旨のみである。議事録と議事要旨の違いは一見すると些細なものであるが、後者では、発言者や、実際の発言が明らかにならないため、政策の跡付けの可能性が大きく損なわれるという点で大きな差がある。

　また、情報公開の前提として、公文書管理（作成・整理・保存）が重要であることは論を俟たない。これについて、文部科学省の「標準文書保存期間基準」によれば、審議会等（懇談会等も含む）は関連文書の保存期限は30年で、その後は公文書館に移管されるとある。他方、委託研究については、情報公開の趣旨が契約（調達）の適切性に縮減されるためか、「事業の採択」と「事業の実施及び結果」に関する文書の保存期間が5年とされるのみで、しかもその後は廃棄するとされている。英語コアカリは、2015・16年度の委託研究であるが、例えば2015年度の委託研究に関する行政文書は、それが作成・取得された年度の翌年度である2016年4月1日を起算日として、5年後の2021年3月31日に保存期限を満了している。

　また、受託した側においては、例えば研究会の議事録等の作成・保存・公開についての定めもない。もちろん、委託事業であるとはいえ、研究機関・研究

者が行う研究活動であるため、情報開示の要求水準を際限なく高めることについては、研究の自由や創造性の点で慎重を要するのであり、研究にふさわしい形での透明性確保がなされればこと足りるともいえる。だが、少なくとも英語コアカリについては「文科省の方からも当然調査官等が入りまして、一緒に中身を作っていっている」（教員養成部会第 98 回における外国語教育推進室長の発言）という事実があるわけで、その過程がブラックボックスになることで行政統制の「隠れ蓑」化しないか、検討の余地を残すものと思われる。

第 4 節　おわりに：よじれを解くために、どうすべきか

　以上、行政法学の審査基準論を参照点とすることで、そこから得られた視座を以てコアカリの策定経緯について検討を加えてきた。

　ここまでの記述をまとめるとどのようになるだろうか。一言でいえば、コアカリをめぐって多重の"よじれ"が確認できるということである。

　最大の"よじれ"は、コアカリが実質的に「強い拘束性」を持ちながら、あくまで確認対象の文書であるという位置づけを取るという"よじれ"であった。これが認められてきたことで、アドホックな対応が生まれ、さまざまな別の"よじれ"を派生していった。それは例えば、文書形式の非一貫性や、より上位の教職課程認定基準へのパブリックコメントがない中でコアカリに対してだけパブリックコメントが実施されていること、教職課程認定が教員養成部会に委任されているにもかかわらずそれ以外の場でコアカリの検討がなされていること、策定過程に関する行政文書管理や情報公開の水準が異なること、などである。

　これらの"よじれ"を解くためにはどうしたら良いだろうか。何よりも、第一の"よじれ"がその他の"よじれ"の大もとにあることを踏まえれば、そこを正すことが急務である。すなわち、コアカリが現在のような「強い拘束性」のあるものではなく、参照基準であることを明示し、それにふさわしい運用にすることだろう。そのうえで、公正性や透明性を高めるための形式の整理や、

一貫性の確保がなされるべきである。

　なお、本章で述べてきたことは、あくまで審査基準論を参照したときに導き出せる策定過程の形式的問題にすぎない。重要なのは、教員養成や大学の教育研究という本質から、いかなる参照基準の策定手続が求められるのかということが議論されることである。これについて、牛渡は、コアカリについて「関係者の納得性の確保」や「学問的正当性の検証」が不可欠であるという指摘を行ったうえで、医学分野等の他専門職では「学会」が大きな役割を発揮していることに注目を向けている。⁽²⁶⁾今後は、教員養成に関するコアカリの「改訂」も予想されることを踏まえ、医学分野コアカリの「改訂」がどのような過程で行われているかについて簡単に触れながら、本章を閉じていきたい。

　医学教育モデル・コア・カリキュラムは、「教育内容ガイドライン」という副題を添えて 2001 年に策定され、2007 年に一部改訂、2010 年度、2016 年度、2022 年度と、累次の改訂を経ている。この間、文部科学省内にモデル・コア・カリキュラム改訂に関する連絡調整委員会と専門研究委員会が、「恒常的な組織」として設定されている。このうち、2016 年度改訂では、改訂のための調査研究を行うことを明記したうえで、大学への委託調査研究がなされ、それを踏まえて改訂素案の提示、専門研究委員会による改訂原案の作成、連絡調整委員会による改訂の承認という流れを辿った。また、2022 年度改訂では、2020 ～ 2022 年度の 3 年度にわたって日本医学教育学会へ調査研究が委託され、有識者へのインタビューや、大学へのアンケート調査結果などをもとに報告書をまとめたうえで、素案が作成され、パブリックコメントを経て、連絡調整委員会で承認している。これら連絡調整委員会や専門研究委員会は議事要旨ではなく議事録が公開されており、また日本医学教育学会がまとめた調査研究チーム報告書⁽²⁷⁾には、通算 16 回に及ぶ研究会議の議事要旨もそれぞれ掲載されている。

　もちろん、学問の性質や、専門職としてのあり方には違いがあり、全く同一の過程を適用すべきだと主張するつもりはない。だが、参照基準との位置づけを明確化したうえで、一貫した検討体制が作られていることは重複だろう。また、学会の関与のあり方や、情報公開の程度、さらには作成にかける時間とい

う点でも参照に値することも疑いないと思われる。

　教員養成コアカリの"よじれ"解消は、教員養成制度を改善するための「第一歩」にすぎない。その第一歩を超えて、コアカリが有意義なものになりうるのだとすれば、手続だけでなく、内容においても、それが教員養成や教育研究の本質的要請に適うものであることが求められる。この点は本章で充分に論じることができておらず力不足を痛感するが、少なくとも本章が、その初めの「第一歩」を踏み出すための問題提起となることを願っている。

注

(1) 牛渡淳「文科省による『教職課程コアカリキュラム』作成の経緯とその課題」『日本教師教育学会年報』26 号、2017 年、35 ページ。
(2) 高野和子「『教職課程コアカリキュラム』と『参照基準（教育学分野）』」『明治大学教職課程年報』43 号、2021 年、12 ページ。
(3) 同上。
(4) 牛渡淳「教職課程コアカリキュラムの再吟味」牛渡淳・牛渡亮『教師教育におけるスタンダード政策の再検討』東信堂、2022 年、109 ページ。
(5) 若井彌一「教員養成課程認定行政の検討」『日本教育行政学会年報』5 巻、1979 年、178-179 ページ。
(6) 勝野正章「課程認定行政の問題点と改革の方向性」『日本教師教育学会年報』28 号、2019 年、45 ページ。
(7) 同上。なお令和 5 年度開設用の『手引き』からは、前記引用の末尾に「等」の一文字が加えられている。
(8) 法令用語研究会編『有斐閣法律用語辞典 第 5 版』有斐閣、2020 年、112 ページ。
(9) 小幡純子「都市・住宅・建築と行政法学との接点：建築確認を題材に」『都市住宅学』67 号、2009 年、159 ページ。
(10) 高野、前掲論文、11 ページ。
(11) 「教職課程認定審査運営内規」の 6 により、2021 年度申請大学から、認定手続が全て終わった後で、申請書や審査意見等が文科省 HP 上で公開されるようになった。
(12) 宇賀克也『行政法概説 I：行政法総論〔第 7 版〕』有斐閣、2020 年、451 ページ。
(13) 勝野、前掲論文。
(14) 塩野宏「審査基準について」『法治主義の諸相』有斐閣、2001 年、270 ページ。
(15) 宇賀克也『行政手続法の理論』東京大学出版会、1995 年、146 ページ。
(16) 松尾直「行政手続法と情報公開」『徳山大学論叢』45 号、1996 年、45 ページ。

(17) 塩野、前掲論文。

(18) 勝野、前掲論文。

(19) 2020年11月30日に開かれた教員養成部会（第118回）会議における平野博紀教育人材政策課教員免許企画室長（当時）の発言。カッコ内は筆者。

(20) 案件番号は、(i) は185000902、(ii) は185000903、(iii) は185001235。

(21) 牛渡淳「文科省による『教職課程コアカリキュラム』作成の経緯とその課題」『日本教師教育学会年報』2017年、28-36ページ．および牛渡、前掲論文、2022年。

(22) 教育職員免許法施行規則及び免許状更新講習規則の一部を改正する省令案（概要）に関するパブリックコメントが行われ、2021年6月18日に結果が公示されているが、同パブリックコメントは、(iv) のコアカリを示して行ったものではなかった。

(23) 西川明子「審議会等・私的諮問機関の現状と論点」『レファレンス』57 (5)、2007年、59-73ページ、および、寺洋平「国家行政組織における『審議会等』および『懇談会等』について (1)」『茨城大学人文学部紀要　社会科学論集』第50号、2010年、1-16ページ。

(24) 塩野宏『行政法Ⅲ〔第5版〕』有斐閣、2021年、96ページ。

(25)「審議会等の整理合理化に関する基本的計画」（平成11年4月27日閣議決定）の「別紙4 懇談会等行政運営上の会合の開催に関する指針」における記述。

(26) 牛渡、前掲論文、2022年、108、111ページ。

(27) 一般社団法人 日本医学教育学会『医学教育モデル・コアカリキュラムの次期改訂に向けた調査・研究』令和2年度報告書、2021年、447-460ページ。同、令和3年度報告書、2022年、559-635ページ。

・第11章
フィンランドにおける教員養成の質保証

・伏木久始

　本書における筆者の役割は、日本の大学教育における教員養成の未来を考え
ていく際に、教職課程に求められる教育内容・方法について、フィンランドの
教員養成のあり方を踏まえて、異なるアングルから将来的な提言を試みること
である。ただし、他国の事例は歴史的・文化的背景が異なる中で、教育をめぐ
る社会システムや教育理念が異なるという前提を踏まえなければならない。

　そこで、本稿ではフィンランドの教育制度や教育理念の基本的な前提を説明
したうえで、2022年度の1年間に筆者がフィンランド国立教育研究所に客員研
究員として滞在中に取材した内容を踏まえて、フィンランドの教員養成の特色
をヒントに、日本の教員養成に必要な改革の方向性を考えてみたい。

第1節　フィンランド教育のアウトライン

1. 教育の機会均等を実現するまでの歩み

　フィンランドの国民の間には長らく大きな教育格差があった。1950年代には
20歳以上の人口の29％が教育を受けておらず、農村部ではこの割合は35％で
あった。特に北部の農村部では無学者が48％近くを占めていた[1]。この当時の
フィンランドは複線型の教育制度をとっており、10歳の段階で子どもたちはア
カデミックな高等教育へ進むか職業教育へ進むかの進路選択を強いられていた。
1960年代には北欧諸国で社会民主主義的なイデオロギーが台頭し、スウェーデ
ンなど近隣の国々が福祉国家型の教育へと舵を切る動きの中で、フィンランド
国会は複線型教育制度を廃止して基礎教育としての総合学校モデルに移行する

法律を可決した（1968年）。これにより、すべての国民は、年齢、経済状況、性別、母語、居住地にかかわらず、平等に無料で基礎教育を受ける機会を与えられることが宣言され、公立学校は地方自治体の管理下に置かれることになった。また、総合学校は学習上の困難を抱える子どもたちを支援するために多くの人や予算を投入していたため、経済界や右翼政党の代表からは才能ある子どもたちへ十分な刺激や支援を与えていないという批判が寄せられたが、学校は子どもたちを異なる能力グループや学校に分けることなく、一人ひとりの特性に合わせて支援することができるという理念を変更することなく今日に至っている。フィンランドの教員養成を検討する際には、高校へ進学するまで試験による選抜というあり方を否定し、多様な子どもの特性やニーズが混在する教室で学習指導する専門性が求められるフィンランドの学校教育の前提条件を理解する必要がある。

2. 近年のフィンランドの教育改革

　現在のフィンランドの教育は、1970年代からのさまざまな社会制度改革の影響を受けつつ、直接的には1990年代の教育諸改革を契機に、機会均等で公正に個別最適な学びが保障されている。1991年に隣国のソビエト連邦が崩壊したことでフィンランド経済は大きな打撃を受け、3年間で失業率が3％から16％に悪化し、特に若者（15-24歳）の失業率は0％から34％に跳ね上がるなど国家的危機を迎えた。この1991年にフィンランド教育大臣特別顧問になったオッリペッカ・ヘイノネンは、3年間その任を務めてから、1994〜1999年に教育大臣として数々の改革を実行した。その当時の欧米諸国や日本などでは新自由主義的な教育政策が広まっていたが、他の北欧諸国と同様にフィンランドでも競争原理を教育現場に持ち込むことに反対の声が強く、元中学校教師でもあるオッリペッカ大臣はフィンランド流の教育の機会均等（Equal Opportunities）と教育の質の向上（Quality Improvement）を掲げ、学区制を導入してどの地域に住んでいても等しく学べる仕組みを整えた。フィンランドでは偏差値ランキングのようなものを必要とせず、むしろそれは学習動機を歪ませるものと排除されて

おり、基本的には高校も大学も自宅から近い学校（専攻したい学科）へ進学するのが一般的である。地域・学校間の教育格差は 7 ％とされ、PISA 参加国の中で最少である。[(2)]

　さらに、義務教育ではない大学・大学院まで授業料は無料で、高校生以下は教科書など教材も無料で支給される。高校まで給食費も無料で、遠距離通学する子どもには交通費も支給する。家庭の経済的背景を子どもの学力や学習環境に反映させないという理念を実現したものである。加えて、地域住民の教育環境の中核としての市立図書館が充実しており、人口比における図書館職員数は日本の約 3 倍で、年間貸出冊数やオンラインでの利用者数もかなり多い。[(3)]

　学校教育の内容に関しては、1992 年には教科書検定が廃止され、学習指導要領に即していれば学校ごとに自由に教材を選べることになった。1994 年以降は、フィンランド教育文化省の直轄組織である国立教育委員会（2017 年以降は国立教育局）がコア・カリキュラム（日本でいう学習指導要領に相当）を策定するが、その作成プロセスには、教員組合、校長、保護者会、企業の代表者および教師教育者や関連する専門家を集めた検討委員会において教育局との双方向的な議論がなされ、通常 10 年ごとに改定される。これには就学前教育、初等教育、中等教育、高等教育、職業教育、成人教育のすべての段階の教育制度に関わる基準が示され、各教科等の目的と内容の基本方針や必要最低時間数が書かれているが、日本の学習指導要領と比較するときわめて大綱的な記述である。

　教育局が策定したコア・カリキュラムに従って、地方自治体ごとにローカル・カリキュラムが作られるが、各地域の実情に応じた年間の授業日予定や地域に応じた教育内容などが示され、各学校はローカル・カリキュラムに沿って学校独自の教育課程を自主編成している。こうした地方分権の仕組みに教員養成カリキュラムも無関係ではなく、それぞれのエリアの教育学部の教員養成カリキュラムは、近隣自治体版のローカル・カリキュラムを踏まえた教育内容が反映される傾向にある。

　また、フィンランドの教育は、①国内の各省庁、②地方自治体、③教職員組合、④保護者、⑤子ども、⑥研究機関、⑦社会的パートナー、⑧教育への出資

者（企業）の8つの機関や組織との連携により成り立っており、これを「教育パートナーシップ制度」と呼んでいるが、互いに自由に意見を言い合えるフラットな関係性を構築している点もフィンランド教育の特徴であると、フィンランド国立教育局のミンナ・ハルマネン参事官がインタビューに答えている[4]。

　フィンランド各地の学校を取材するたびに、「教育の質保証のために重要なことは何か」という質問をしてみるとどこでも同じ答えが返ってくるが、それは「信頼（Trust）」だという。国（教育文化省）が自治体を信頼し、自治体（教育委員会）が校長を信頼し、校長が教職員を信頼するのがフィンランドの教育を支える鍵だという説明に例外はなかった。

3. フィンランドにおける進路選択の柔軟性

　フィンランドには全国に13の国立大学があり、22の応用科学大学がある。私立大学はなく、フィンランド国籍でなくてもEU圏の学生であれば、大学および大学院まで学費は無料であり、学生には基本的に返還義務のない奨学金も与えられる。2004年以来、ボローニャ・プロセスによるヨーロッパの単位互換

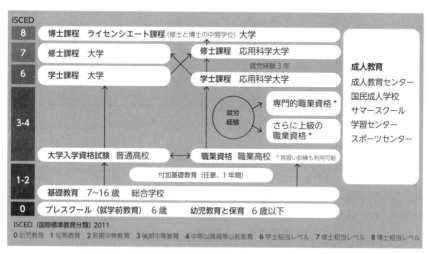

図 12.1　柔軟に進路変更を認めるフィンランドの教育

（出所）言の葉協会『言の葉大賞 CONCEPT BOOK　2020 新春号』138 ページ。

システム（ECTS：European Credit Transfer System）に参画しているため、履修単位は ECT として共有されている（1ECT は 26.7 時間）。[(5)]

　フィンランドの高校や大学等には偏差値ランキングのような指標は存在せず、どの学校へ進学したかという意味での学歴よりも、何を学修したのかという学歴がキャリア形成に重要な条件になる。また、**図 12.1** の通り、普通高校への進学を選んで大学で学ぶコースに進んでも職業系の高等教育に進路変更することが可能だし、逆に職業高校を経て応用科学大学で学ぶコースに進んでも、大学でのアカデミックな学修へと移ることも可能な柔軟なシステムを採用している。

　従来は大学に進学するためには、高校での卒業資格試験の成績と大学ごとの入学試験の結果を合計して合格者を選抜していたが、これは受験生に対して過度な入試勉強を強いることになるとの批判もあったため、2018 年から 2020 年の間に行われた入試改革により、高校での卒業資格試験の結果だけでも大学に進学できる現役生の枠が新設された。これは受験勉強に費やす労力や時間を大学に入学してからの学修に注ぐ方が国家的にも有益だと考えられたからであり、高校卒業生の大学進学率が OECD 平均の 43 ％に及ばない 41 ％（PISA2018）前後にとどまるフィンランドの大学進学率を上げるという国家的課題とも連動している。[(6)]

　フィンランドの大学のカリキュラムは、日本の多くの大学のような週ごとに固定した時間割で 2 学期制や 4 学期制で単位認定時期をそろえることはなく、各授業は学習内容に応じて集合時間や集合場所が臨機応変に変わるため、学生はどの授業をどの時期に履修するかを、履修したい複数の授業スケジュールとの兼ね合いから、見通しをもって時間割を作成することになる。

　なお、フィンランドでは教職が人気の職業であり、医学部と並んで教育学部への入学がきわめて「狭き門」となっている点はヨーロッパ諸国の中でも異例である。入試制度の改革が行われているものの、教育学部への入学は相変わらず難関であり、指定された複数科目の高校卒業資格試験（大学入学許可検定試験）を受けた後、競争率 10 倍を超える教育学部の入学試験にパスすることが求められる。

第2節 教員養成制度の概要

1. 職業専門学校から大学での養成へ

　フィンランドの教員は、古くは職業専門学校としての師範学校で養成されていたが、教員養成改革の動きの中で、1968年に「教師は情報伝達や講義者ではなくて、助言者であり学習案内者である[7]」として専門職としての教員養成が開始された。そして、1971年から1973年にかけて、すべての教員養成課程はそれまでのカレッジやセミナーから大学（ユニバーシティ）に移された。その主な理由は、複線型学校制度から単線型の総合学校モデルに移行した学校教育において、教師が新たな能力を必要としていたからである。1974年にはフィンランドの大学において教育学部が新設され、1979年に制定された教員養成学位法では教員養成課程の修了者の学位を「修士」とすることが定められた。教員養成カリキュラム全体の約20％は、量的または質的ないし両者を混合した調査方法などの研究方法論の内容に充てられ、修士論文の作成が義務づけられたのである。

　これは大学院まで学費無料という北欧型の社会的条件が可能にした制度改革であるといえる。それ以来、スペシャリストとしての訓練所ではなく、教育学を中核とした研究方法の理解と、教科内容に関するアカデミックレベルを向上させることに主眼が置かれ、「研究を基盤とする教員養成」という方針がカリキュラムに反映された。それ以来、フィンランドの教員養成課程では、"Teach what you research, research what you teach" というスローガンが共有されている。そのうえで、「自律」と「協働」と「省察」を重視した教員養成が行われている。

2. 学校種と教員免許[8]

　フィンランドの教員は、①学級担任教員（Class Teacher）、②教科担任教員（Subject Teacher）、③特別支援教育教員、④幼稚園教員、⑤職業専門科目教員に分類される。その教員養成には国の大綱的な基準としてのコア・カリキュラ

ムがあるものの、教育内容は地方ごとの実情や各大学の裁量が広く認められているため、具体的なカリキュラムは大学ごとに異なっており多様である。

　教育学部では、学級担任教員コースで修士号取得までの学修を積むか、教科担任教員の資格を得るために教科の専門分野の修士号を取得しつつ、教職課程を副専攻として履修し、さらに教育実習を含む教職専門科目を履修して教職を目指すことになる。

　基礎学校のうち、初等教育（1 年生から 6 年生）の教員になるには、教育実習を伴う教育学専攻と教科副専攻の単位履修が必要であり、中等教育（7 年生から 12 年生）の教員の場合は、メインとなる教科の専攻の他に、教科副専攻と教育実習を含む教育科学副専攻が必要となる。

　中等教育の教師は、教科の知識は特定の教科の専門性に関わる学部（例えば理学部）で学んで修士号まで取得し、教育学部で教育実習科目を履修する必要があるが、教育学部以外の専門学部に入学して教職を志す学生は、通常入学 1 年目の間に教職科目の履修を決め、副専攻として教職課程のコースを学ぶために、早い時期から教育的な関心を高めつつ、学校教育との関わりが深いボランティアなどの経験を積む努力をしている。それらの履歴が教職課程を履修する際の審査や、卒業後の教員採用選考において考慮されるからである。フィンランドの教職課程は教育学部にのみ設置されており、教育学部以外の専門学部から教職を志す学生は、60ECTS 以上の教育実習を含む教育学系の単位を取得する必要があるが、教育学部の受け入れ定員枠との兼ね合いで、入学試験同様に狭き門を選考により通過する必要があり、教職に就く適性も審査される。

3. 大学における教員養成のあり方

　フィンランドでは、コア・カリキュラム（学習指導要領）が変わるたびに大学での教員養成カリキュラムがそれに対応して変更されるという連動性が高く、教員養成を担う大学での学びと教育現場に求められる方向性にギャップを生じさせないような対応が取られている。

　高倍率の入学試験をクリアして入学した意識の高い学生同士が学び合う中で、

修士レベルまでの教員養成が行われているという事実にフィンランドの教員養成の質を支える基盤があるが、そのうえで教員養成カリキュラムにおいてはリサーチベースの参加型ないし協働で学び合う授業形態が重視されているため、大勢が受動的に講義を聴くだけの授業はほとんどない。筆者がゲスト講師として1コマの授業を任された際も、資料をプロジェクターで投影しながら説明する筆者の講義が40分を過ぎた頃、学生たちから「そろそろ議論の時間にしてほしい」と要求されたことが忘れられない。資料の説明は自分で読めばよく、教室にみんなが集まっている時間は議論し合いたいというのだ。子ども時代からの学習経験が生きているのかもしれないが、大学の教職課程の授業そのものが、教職に就いてからの教室での指導のあり方を体験的に学ぶ機会になっているように思えた。

　また、フィンランドの教育学部は、学校現場での指導技術をトレーニングする伝達機関なのではなく、教育現場での問題を研究的に追究し、自ら思考するための知識とスキルを高めながら、長期間に及ぶ教育実習を通して、理論と実践を融合して問題解決を図ろうとする専門家を育成する場とされている。

第3節　フィンランドの教員養成カリキュラム

1. 教員養成におけるコア・カリキュラムと大学における教育学的内容

　フィンランド教育文化省は2012年から2015年にかけて、教師や教員養成を担う教師教育者、教員を採用する自治体との緊密な協力のもと、初等中等教育および高等教育を担う教員養成のための国家レベルの新しいコア・カリキュラムを作成した。ここには21世紀型コンピテンシーが強調されており、教師が「教育は将来的にどのような意味をもつのか」、「教育によってすべての若者を将来に向けてどのように準備させることができるのか」、「日常生活や社会生活の場面でどのような種類のコンピテンシーが必要とされるのか」、「どのような学習環境や実践方法、指導方法が望ましい教育や学習を生み出すのに最適なのか」といった重要な教育問題を考えることを求めている[9]。

これに基づいて、2016 年には各大学が独自のカリキュラムを作成し、2017年から 2019 年にかけてフィンランドの大学ではさまざまなプロジェクトが実施されている。例えば、幼稚園から職業訓練までの教育制度全体を通じて、教師の教育学的能力に共通するものを特定し、教員養成と現職研修をより密接に結びつけ、十分に機能する導入段階を開発するというプロジェクトや、21 世紀型コンピテンシーに向けた教員養成プログラムを開発し、地域の学校において斬新なアイデアやイノベーションを生み出すのに必要な能力を開発する事業など、多様な取り組みが試みられている。

　教員養成におけるコア・カリキュラムに関連して、各大学において教育学関連の 60ECTS を取得した学生は、教職に就く前に以下のことができる（身についている）とされている。①教授と学習に関する教科の知識を理解していること、②教師という職業のさまざまな側面を認識すること、③さまざまなネットワークやパートナーシップの中で協力すること、④自分自身の教育観を客観視すること、⑤自律した専門家として学習指導の計画と実施および評価ができること、⑥生涯にわたって専門性を発展させるマインドを持つこと。これらは、いわゆるディプロマ・ポリシーとして受け止めることができるが、日本の教職課程における教職専門科目の内容に示唆を与えるものでもあり、各大学の教員養成カリキュラムの質保証を考えていくうえでも参考になるものであろう。

2. 教育実習

　1990 年代には教育実習を中心とする実践的な学修の強化が図られ、1 年次より段階的に約 6 ヶ月分の教育実習が課されている。フィンランドの教員養成カリキュラムにおいて教育実習はきわめて重視されており、通常は 3 段階に分け、第 1 段階は教師の視点から子どもや学校生活を観察・分析する導入的な実習経験、第 2 段階は教育実習生が副専攻としての授業を計画し、教室で教師の責任を担うようになり、第 3 段階は主専攻の上級実習とも呼ばれ、総合的に指導理論を実践に適応させた実習を経験している。これらをいくつかの時期に分散させて、学士課程 3 年＋修士課程 2 年のトータルで標準 5 年間のうちに段階的に

履修することになる。通常は1年次より第1段階の教育実習が始まり、2人ない
いし4人グループで同じ学級の実習を協働的に体験し、第2段階までは配属学
校内での指導教員および大学側の担当教員と相談しながらグループで協力し
合って授業計画および授業実践に臨む。第3段階になると、原則としてグルー
プごとではなく一人で教師としての仕事を経験することが課される。

　なお、全国の教育学部には教員養成の役割を担う附属学校があり、教育実習
生の専門的な能力開発を支援するために、教育内容・方法や学習環境において
も最新の研究成果が適用されている。日本における教育学部附属学校とは異な
り、フィンランドの教育学部附属学校に入学してくる子たちは、学区域の中か
ら校長同士の協議・調整により割り振られるだけで入学試験等はいっさい無い
ため、地域の公立学校と同様の事情を抱えている。そこでの実践の成果は随時
Web上で公開されるが、日本のように参観者を集めての研究発表会のようなノ
ルマはない。

　日本の教育実習との大きな違いは、6ヶ月もの長い教育実習を複数年に分け
て段階的にテーマを決めて行われるということの他、教育実習生が派遣される
実習校がほとんどの場合この附属学校なのであり、教育実践に関する最新の知
識・技術と高度な指導力量を有する附属学校教員が大学教員とともにメンター
として指導にあたる点である。また、大学によっては一部の実習を国外や異文
化の中で実践することを課したり、附属学校以外の一般公立学校で実習したり
する特別実習を取り入れる場合もある。教育実習期間中は、必ずしも朝から夕
方まで配属学校に居続けるわけではなく、最低限の観察実習と授業実習のノル
マを果たすことと、実習生同士のグループワークをきちんとこなすことをクリ
アしていれば、実習期間中にその実習テーマに即して、図書館などでリサーチ
したり、大学の授業に参加したりもできる。

3. 研究をベースとした教員養成

　フィンランドの教員養成に携わるスタッフは、附属学校の指導教員を含めて
教師であると同時に研究者でもあると位置づけられている。初等教員（教育学

専攻）、中等教員（教科専攻）ともに、研究の要素は教員養成課程全体の約20％を占めているとされる。大学の教員養成を担う教師教育者の基本資格は博士号であり、学校の教員も科学的な探究や方法を業務に用いたり、教室でアクション・リサーチやケース・スタディを実施したりする場合、リサーチベースの専門家として働くことがある。

　しかし、それ以外に教師は「学習者の発達に関する知識」や「教科に関する最新の研究成果」、「学ぼうとしない子をどのように学習に参加させるか」などについての知識が必要となり、「知識がどのように構築されるのか」、「どのようにさまざまなエビデンスを自分の仕事に活用できるのか」を学んでいる必要もあるとされている。[12]さらに、最新の学習指導要領で年間一週間程度の実践が必須とされた Phenomenon-Based-Learning（総合的な学習）のための指導力量として、入職時点で高度な専門知識を持つ教員を養成することが求められ、地域レベルのカリキュラムの立案を含め、専門的、共同的、自律的に自らの仕事を計画し、実施し、評価することができる教員を養成することが目標とされてきた。これらがフィンランドの教員養成に修士号までを必要とする理由でもある。

4.　教員養成における評価

　教育学部での授業ごとの評価は、受講生を母集団として相対化された成績を判定するランク付けではなく、個々の学生の学びを向上させるために行われる。この原則は、幼児教育から高等教育、成人教育までの教育システム全体においても体系的に実施されている。子どもの学びの評価（アセスメント）は、子どもが自分の学習と発達について、よりリアルに自己理解できるようにすることであるとされ、教師からの継続的なフィードバックが重要な役割を果たすと考えられているのと同様に、教師を目指す学生への評価も、自分の学習と発達について現実的な理解を得られるようにすることであるとされている。

第4節　フィンランドの教員養成における質を高めている要因

　フィンランドでも2022年5月には教員によるストライキが実施されたように、その待遇等に不満が出ないわけではない。しかし、社会からの尊敬と信頼を得られている職業であることや、給与は高くなくとも休みを取りやすく勤務時間も比較的好条件であることも要因なのか、相変わらず人気第1位か第2位の職業であることで、教育学部への入学はきわめて難関である。このことが質保証の前提を有利なものにしていることは否定できない。そのうえで、大学における教員養成というミッションにおいて、その質を保証するために日本的文脈で必要なことをフィンランドの教員養成システムの実情から抽出してみたい。

　第一に、国（文部科学省）が教員養成を担う各大学に対して、カリキュラム編成の自律性を保障すること。大学も教員を養成する現場であり、その重要な仕事に携わる教師教育者の主体性を削ぐことのないよう、「信頼」をキーワードとする連携を優先することで、"現場"は信頼に応える教育をすると思いたい。

　第二に、教職に必要な教育学的な教育内容とは何かを問い直すこと。大学の研究者が教えたいと思うことと、現場の教師たちが学んでおきたかったと思うことのギャップを、フィンランドの「教育パートナーシップ制度」のような連携を通して導き出すことが必要である。

　第三に、教育実習を根本的に改善すること。20〜30週程度の教育実習を課す国が多いなか、日本では2〜3週間前後の短期集中型で専門的な指導環境のない現場でも教育実習を済ませている実態がある。大学での学びと教育実習での実践的な学びとの往還が意識されない現場での教育実習が行われているとすれば、それは教職課程の質を保証するとはいえまい。

　第四に、教職の専門性を、現場のスペシャリストとして位置づける視野を超えて、リサーチに基づく分析や学問的な水準の教材研究を行う専門家としての社会的ステイタスへ昇格することである。これは容易なことではないが、子どもや保護者が教師を信頼し、教師が誇りをもって仕事に打ち込める環境にする

　ことで、養成段階の質も向上していくのである。そのためには教員養成教育で
のリサーチベースの授業内容や学生が自分の教育観を客観視できるような授業
内容も実践的に取り入れる必要があるように思う。

　フィンランドの教員養成を参考に、日本の教員養成の質保証に求められる手
立てを検討し将来的な提案を試みた。いずれも短期的に対処できることではな
いが、少しずつでも教職の専門性の向上につながる改革が実現することで、教
員養成の質保証にも貢献することを願ってやまない。

注

(1) Niemi, Hannele, *Teacher Education in Finland: Persistent Efforts for High-Quality Teachers*. Johns Hopkins University Press, 2020.

(2) OECD, PISA 2012 results: (Volume V). Paris: OECD, 2014.

(3) 原田安啓「フィンランドの公共図書館—— PISA 学力調査世界一を支える図書館と教育制度」『奈良大学紀要』2009 年、21-37 ページに詳しい。

(4) 言の葉協会『言の葉大賞 CONSEPT BOOK』新春号、2020 年、138 ページ。

(5) フィンランドでは 1 年間の標準履修単位を 60ECTS とし、年間の履修総時間を1,600 時間と規定しているため、1ECTS は 26.7 時間（1,600 ÷ 60）相当の学習に換算される。教授からの直接指導の場合は 45 分、学生の自主学習の場合は 60 分を「1 時間」としてカウントしている。

(6) Niemi, Hannele, op. cit.

(7) Ibid.

(8) 伏木久始「フィンランドの教員養成の質を保証する要因」『信州大学教育学部研究論集』第 4 号、2011 年、25-38 ページ。

(9) Vahtivuori-Hänninen, S., Halinen, I., Niemi, H., Lavonen, J., & Lipponen, L., A new Finnish national core curriculum for basic education and technology as an integrated tool for learning. In H. Niemi, J. Multisilta, L. Lipponen, & M. Vivitsou (Eds.), *Finnish innovations & technologies in schools: Towards new ecosystems of learning*. Rotterdam: Sense Publishers, 2014, pp.21–32.

(10) Finnish National Board of Education (FNBE), The national core curriculum for upper secondary education. Helsinki: Finnish National Board of Education, 2015.

(11) Niemi, Hannele, op. cit.

(12) Ibid.

終章
大学における教員養成の未来
——教職における専門性と多様性の保障に向けて——

● 浜田博文

第1節　岐路に立つ日本の学校教育と教員養成

　いま、日本の学校教育制度は重大な岐路に立っている。

　それを象徴する政策文書の一つが、新型コロナウィルスの感染が拡大する真っ最中に提出された中教審答申「『令和の日本型学校教育』の構築を目指して」（2021年1月26日）である。その端緒になる諮問は、未だ長期にわたる深刻なコロナ禍の到来が予測されていなかった2019年4月17日に遡る。その際の主題は「新しい時代の初等中等教育の在り方について」であった。

　諮問の理由は、今世紀は知識基盤社会であり「先端技術が高度化してあらゆる産業や社会生活に取り入れられ、社会の在り方そのものが現在とは『非連続的』と言えるほど劇的に変わるとされるSociety 5.0時代の到来が予想されています」という文章から始まる。具体的な諮問事項は、①新時代に対応した義務教育の在り方について、②新時代に対応した高等学校教育の在り方について、③増加する外国人児童生徒等への教育の在り方について、④これからの時代に応じた教師の在り方や教育環境の整備等について、という四つだった。

　本書の各章で議論を展開してきた教員養成は、上掲の諮問でいうと直接的には④に属する。だが、学校教育制度全体が岐路に立つ今日、それは同時に①〜③のすべてに密接に繋がっている。社会変化に対応して義務教育とそれに続く高等学校教育はどう変わるべきか、今後ますます増加するに違いない外国人児童生徒等を対象にした教育はどうあるべきか、といった課題はすべて教職に突きつけられるものであり、教員養成教育の在り方に連動するからである。

　近代公教育制度が創られた 1872 年から 150 年以上が経過し、現代の学校制度の基盤を成している戦後の新制度もすでに 75 年以上の歳月を重ねてきた。その間、工業社会から情報社会への移行過程を通じて学校教育は拡大・発展を遂げた。しかし、政府が想定する Society 5.0 への移行を目前に控えたところで、われわれは期せずして深刻なコロナ禍を経験し、ICT やインターネットをはじめとする高度な科学技術の威力を従来とは比較にならないほど実感することになった。そして、教育改革に関わる議論のさまざまな局面で、これまでとは「非連続的」な新しい社会に向けて学校教育および教職の在り方の捉え直しを迫られてもいる。

　それを象徴することの一つが、2020 年度に一挙に実施された「1 人 1 台端末導入」と高速インターネット通信環境の整備である。教員は年齢や興味・関心を問わず、「子どもの学びを止めない」ためにインターネットによる授業の配信や対面授業での ICT 活用に取り組み、教室内では、従前には見られなかった授業風景が日常化してきている。

　その一方で、児童生徒が抱える課題状況は多様化し、その要因は複雑化している。「令和 4 年度　児童生徒の問題行動・不登校等生徒指導上の諸課題に関する調査結果及びこれを踏まえた緊急対策等について（通知）」（2023 年 10 月 17 日公表）によると、令和 4（2022）年度の国立、公立、私立の小・中学校の不登校児童生徒は約 29 万 9 千人となった。そのうち学校内外で相談を受けていない児童生徒は約 11 万 4 千人、90 日以上欠席している児童生徒は約 5 万 9 千人という数字で、いずれも過去最多になっている。さらに、小・中・高・特別支援学校におけるいじめの認知件数は約 68 万 2 千件、そのうち重大事態の発生件数が 923 件となっており、それらも過去最多である。長期にわたるコロナ禍が、児童生徒や彼／彼女たちどうしの人間関係になんらかの重大な影響を及ぼしている可能性がうかがわれる。それだけではなく、過去 10 年ほどの間に関心が向けられてきた子どもの貧困という問題状況が、コロナ禍においても重要な影響を及ぼしていると推察される。このように、現代社会と学校教育は、従来経験してこなかった動揺にさらされていると受けとめられる。

　他方で、現代の教員養成は、戦後教育改革期に形成された理念と制度に依拠してきた。戦後70年以上の間に、日本社会は大きく変化し、学校教育に関わる課題は多様化するとともに、その背景要因は複雑に入り組んでいる。教育の問題が社会的関心を集めるたびに教員の在り方が問われ、批判的な眼差しも増すことになった。そのたびに、教職の専門性の内実は問い直され続けてきた。

　ただし、戦後改革期に形成された教員養成の理念は否定されていない。むしろ、その理念を基盤にし、その上にさまざまな内容が積み上げられてきたと考えられる。そのため、現在の大学における教員養成の制度とカリキュラムは、容易には解きほぐし難い葛藤や矛盾を内包しているともいえる。社会が「非連続的」な変化を遂げるからといって、過去に積み上げられてきた問題をばっさり切り捨てることはできない。それらの一部を「連続的」に引き摺りながら、新たな社会への移行を進めていくほかないだろう。

　本章では、以上の認識に立ち、戦後70年以上にわたる教員養成の歩みの中で基本的な前提とされてきた事柄を振り返り、それらを捉え返し、そして未来の課題について考察したい。

第2節　戦後日本における教員養成の難問

1. 理念としての「大学における教員養成」と「開放制」

　戦後日本における教員養成制度は、免許状主義のもと、「大学における教員養成」と「免許状授与の開放制」という二つの原則を堅持して構築され展開されてきた。学校教育の改革が関心を集めるたびに、教員養成は常に改革の俎上に載せられてきた。そんなときには必ず、これらの原則が「あるべき教員養成」を象徴的に示した「理念」として扱われてきた。

　特に「大学における教員養成」という原則は、初等・中等教育段階の教員養成をすべて大学レベルで行うことを明確に掲げたものである。戦前の師範学校が中等教育段階に位置づけられていたことなどを考えると、それは教員養成制度の理念として画期的だったといえよう。ただし、教育職員免許法の制定

（1949 年）から 75 年が経過しようとしている現在、未だに短期大学卒業相当の二種免許状が存在するという事実にみられるように、その実現は容易ではなかった。そうだとしても、教員になろうとする者が、「学術の中心として、広く知識を授けるとともに、深く専門の学芸を教授研究し、知的、道徳的及び応用的能力を展開させることを目的とする」（学校教育法第八十三条第一項）大学において幅広い教養を修得しながら各自の専門分野の学問を追究することは、民主主義社会の公教育制度の根幹を成す不可欠の要件だと考えるべきである。

2. 「開放制」概念の多義性と曖昧さ

　他方、「免許状授与の開放制」という原則は、専門性の保証という視角でみると教員養成の直接的な「理念」としては受けとめがたい面をもつ。戦後の教員養成政策や各大学における組織やカリキュラムの改革過程で、「開放制」という言葉の意味はそれを使う論者の立場や解釈に依存してきたきらいがある。

　1989 年から約 10 年間にわたって大学における教員養成の戦後史研究に取り組んだ TEES（Teacher Education & Educational Science）研究会は、その研究成果を『「大学における教員養成」の歴史的研究—戦後「教育学部」史研究—』（TEES 研究会編，学文社，2001 年）にまとめている。その総括部分において竺沙知章は、「開放制」概念の多義性について次のように論じている[(1)]。

　　「開放制」の用いられ方を検討すると、特定の養成機関にのみ認められるような特権的な、閉鎖的な教員養成、教員免許取得を否定する制度論と、教員養成のあり方として研究、教育の自由、学問的な自由な環境、幅広い教養を目指すべきという内容論とが、「開放制」という単一の用語で理念化され、立論がなされてきたととらえられる。そのために「開放制」という概念は曖昧なまま用いられ、学術用語として確立したものとはなっていないといえる。

　もちろん、このように曖昧で多義的な概念が、戦後教員養成の理念的な概念として用いられてきたことには理由がある。それは、「戦前との断絶、戦後の

新たな出発を強調する⁽²⁾」ことが必要だった戦後教育改革において、刷新のイメージを示すには恰好の言葉だったからである。

3.「学芸大学」構想と逆説的な教員養成論

　筆者自身も TEES 研究会のメンバーとして教育刷新委員会における教員養成改革の議論を分析した。そこで明らかになったのは、戦前の師範教育を否定しなければならないという規範が大半の委員の間で自明とされていたことである。「教員養成を目的とする機関があってはならない」（目的的な養成の否定）と、「国家が教員養成を一部の機関に限定して許可することは望ましくない」（閉鎖的な教員養成の否定）という認識が、委員の間には強固に存在した。その結果として辿り着いたのが、「『教員養成に積極的にならない大学』でこそ、従来とは異なる新たな『質』を具えた教員を養成できるという、きわめて逆説的な教員養成制度構想」としての「学芸大学」構想なのであった⁽³⁾。

　1949 年の国立学校設置法に基づいて、全国に 69 校の国立大学が設置されたが、それらは戦前の旧制学校の組織や陣容を母体として新制大学へと転換・再編されたものだった。戦前に小学校教員養成を各地で担った師範学校は旧青年師範学校とともに統合・再編されて、46 校の大学・学部に包摂された。最近では知る人が減ってきたが、そのときに設置された 7 校の単科大学はいずれも「学芸大学」だった⁽⁴⁾。そして他の複数学部を有する国立大学のうち 19 校は「学芸学部」で、残りの 20 校は「教育学部」であった。このようにして、各地方の戦前の師範学校は当該都道府県の教員養成を主とする国立大学・学部へと統合・再編された。

4.　棚上げされた「教職の専門性」の追究

　戦後の教員養成はこうして出発したのだが、大学教育としてなされるべき教員養成の内容と方法はいかにあるべきか、という問いは棚上げされた状態だった。当時はそれよりも、いかにして大学基準協会による「大学」としての審査に合格できるかが多くの旧師範学校を母体とする大学・学部にとっての切迫し

た関心事であったに違いない。戦時下の 1943 年に専門学校程度へ昇格された
とはいうものの、それまで中等教育機関であった師範学校が、「大学」として
の諸条件を備えていると認められることは容易ではなかった。⁽⁵⁾

そして、「学芸大学」構想にみられるとおり、教員養成を主に担うとされた
大学は、「教職の専門性」保証を強く意識しないという逆説的な議論を内包し
ていた。筆者の私見によれば、教員養成理念としての「大学における教員養
成」は、幅広い教養の修得を基盤とし、教える教科の内容を基礎づける学問的
知識と「子どもに教えること」に関係する学問的知識を、学生が統合的に修得
するための教育を含意する。それを「教職の専門性」の土台としておさえたう
えで、多様な大学が自身の特長を生かして教員養成を行うことが、「開放制」
の含意として理解されるべきである。

ところが、戦後における教員養成の政策、実践、実態は、そのような「教職
の専門性」の土台についての認識を共有して展開されたとはいえない。

第 3 節　教職の専門職化 (professionalization) の 追求とそのジレンマ

1. 教育専門機関としての学校、教職の専門性、教職の専門職性

筆者のもともとの専門分野は学校経営学であり、これまで「学校の自律性」
をいかにして確立するかを追究してきた。教員の養成・研修、あるいは教職の
専門性・専門職性に対する研究関心も、そのことと関連づけながら考えている。
憲法・教育基本法等をはじめとする種々の法令のもとに、日本の公教育システ
ムは教育の機会均等を特に重視して高度に整備されている。そのことは、国−
都道府県−市区町村−学校の連関が教育行財政に関する官僚制機構を形成して
いることと表裏の関係にある。

ただし、かつて吉本二郎が論じたように、学校の「本質はあくまで教育活動
に置かれ、教育行政機関の管理下にあっても、行政機関と区別された教育機関
である点にその特質をもっている⁽⁶⁾」ということは重要である。教育のための専

門機関である学校という組織において、教員は最も中心的な構成員である。その本務内容に基づくなら、教員という職業の存立根拠は「教職の専門性」にある。私事であった教育が組織化されて近代公教育が成立したとき、教職は成立した。それは、国民・保護者の教育意思を引き受けて学校という制度の下で教育を実践する、公共性と専門性の高い職業である。戦後の日本では、個々の教員が具備すべき「教職の専門性」を教育職員免許法に基づく教員免許状によって保証し、戦前の精神主義的な「聖職」論ではなく大学の学術的知見に根ざした専門性に依拠する「専門職（profession）」が追求された。

　ここで、教職の在り方について議論する際に欠かせない「専門性（specialized expertise／professional knowledge and skills）」と「専門職性（characteristics of the profession／professionalism）」という類似の概念について整理しておきたい。前者は個々の教員が学校の教育実践を行うために必要とする専門的な知識・技能・性向等をどの程度習得しているかを示すのに対して、後者は、教員という職業が一つの専門職として備えるべき性質・要素をどの程度備えているかを示す概念である。両者は相互に交差しており、前者は後者を構成する重要な要素ともいえるが、明確に区別されずに使用されることが多い。しかし、緻密な議論をするときには区別されるべきである。

2. 教職の専門職化論

　戦後教育改革以後、日本の教職のあり方やその養成・研修等の問題を論じる際には、「教職は専門職であるべきだ」という主張が共通基盤を成してきた。1966 年に ILO・ユネスコが共同で策定した「教員の地位に関する勧告」で「教職は、専門職と認められるものとする。」と記されたことは、その論拠でもあり、目指されるべき目標でもあった。ただし、「専門職とは何か？」という問いについては、「百花繚乱」と言われるほど多様であり、しかも教職は「準専門職」と位置づけざるを得ないのが実状とされた。それだけに、教職の「専門職性」を高めることには、政策的・研究的に多くの関心が注がれた。

　「専門職性」を見極める指標には様々な議論があるが、ここでは、専門職化

論に高い関心が注がれていた 1969 年に天野正子が著した論稿に基づき、以下[12]
の 5 点を挙げておこう。

(1) 理論的知識にもとづいた技術を必要とし、その獲得のために専門化され
た (specialized) 長期間 (通常高等教育以上) にわたる教育訓練が必要とされ
る。

(2) その職業に従事するためには、国家ないしはそれにかわる団体による厳
密な資格試験をパスすることが要求される。

(3) 同業者集団としての職業団体を結成し、その組織としての統一性を維持
するため一定の行為規範が形成される。

(4) サービスの提供は、営利を主たる目的とすることなく、公共の利益を第一
義的に重視して行われる。

(5) 雇用者・上司・顧客などから職務上の判断措置について指揮・監督・命令
を受けない職務上の自律性 (autonomy) をもち、また職業団体としての成員
の養成・免許・就業などについて一定の自己規制力をもつ。

天野によれば、このうち教職は (2) (3) (4) について「ほぼ完全にそれを具
備している」が、他の 2 点が問題として残されている。すなわち、「専門性[13]
(speciality)」と「自律性 (autonomy)」の二つの点において、教職は専門職と
の間に隔たりがあると天野は論じた。

こうした実態のもとで、研究的な関心を集めたのは教職の社会的地位の向上
であった。今津孝次郎が指摘するように、1960 年代から 1970 年代の時期は、[14]
他の既成専門職と比較しながら教職の社会的地位やその条件整備の向上を求め
る教職の専門職化 (professionalization) に関する議論や研究に関心が向けられ
た。そこでは特に、制度的な環境条件の整備にフォーカスが当てられた。他方、
「教職の専門性」の内実である (1) の内容を深く追究することはあまりなされ
なかった。

3. 教職課程認定制度の意義

　「大学における教員養成」の原則に照らすなら、「専門性」の内実は教科の基礎になっている専門領域に関する学術的研究のみならず、教育に関する学術的研究も含み込みながら構築され保証されるべきである。だが、それは容易いことではなかった。旧師範学校を母体とする国立の学芸大学、国立大学の学芸学部・教育学部は人的・物的条件が十分ではなく、他大学においても教職課程を担当する教授陣は不足していた。教員養成に携わる大学・学部の多くは、(15)「教職の専門性」を保証するに十分な条件を備えていなかったと言わざるを得ない。教育職員免許法が施行されたのは 1949 年だが、そのわずか 4 年後の1953 年に同法が改正されて課程認定制度が導入された背景には、そのような実情があった。(16)

　ただし、以後 70 年以上にわたる教員養成制度の展開を踏まえると、「大学における教員養成」と「開放制」という原則は、文部（科学）大臣が「免許状の授与の所要資格を得させるために適当と認める」という認定手続きを伴うことによってようやく、「教職の専門性」保証制度を具現化できたのだといえよう。問題は、こうした制度の下で、教員養成に携わる各大学は教職の専門性の内実を構築しえたのか、ということである。

　1979 年、当時は私立大学に勤務し、後に上越教育大学の学長になる若井彌一は課程認定行政に関する論稿の中で次のように述べている。(17)

　　「開放制」教員養成が単純に無差別、平等の観念で理解され、戦前のいわ
　ゆる「閉鎖制」教員養成との対立概念として、その制度的側面の意義が過度
　に強調され、「開放制」そのものの内実および理論的課題の検討が不当に放
　置されてきたことの責任は行政側にではなく「開放制」教員養成に参画して
　きた大学および大学人にあると言わざるを得ない。現実の営みとして考えた
　場合、「開放制」の下で、教師としての知識、技術、態度を十分に備えた
　人々を養成していくことは、相当に困難なパラドクシカルな課題であるとい
　う自覚が、「開放制」を支持している大学人に要求されるのである。

　教職課程コアカリキュラムの策定とそれに基づく再課程認定の実施など、近年では教職課程に対する国家的統制の強化が学界からの批判を生み出し関心を集めてきた。しかし、教員養成に携わる大学および大学教員、あるいは大学の共同組織が、学術的知見に基づいて自律的に「教職の専門性」を打ち立て新たな教員養成を創造し得ていたのか、と問われれば、その動きは鈍かったと言わざるをえない。

第4節　「専門職としての教職」の特徴と課題状況

1.　計画養成の困難状況

　既述のように戦後教員養成の二つの原則は、「教職の専門性」保証を積極的に推し進める性質を持つものではなかった。ただし、教職課程認定制度は、国家的統制による「質」保証の装置として機能してきた。ところが、「質」と表裏の関係にある「量」についての統制装置は不安定なままであった。

　高橋哲によれば、教員免許取得においては「新規参入者数の規制が養成段階にも資格付与段階にも存在せず、採用段階に委ねられるという、市場に依存した構図」[18]が形成された。周知のように、必要とされる教員の数は毎年、「公立義務教育諸学校の学級編制及び教職員定数の標準に関する法律」（1958年制定）に基づいて算出され、各都道府県の採用数は任命権者が決める。1970年代末の供給過剰状況に対して国は、国立教員養成系大学・学部の教員養成課程の定員削減を実施し、1990年代末にはさらに定員削減を実施した。その一方で、1984年以降とられてきた教員養成分野における量的抑制策は2005年に撤廃され、公私立大学における小学校教員養成課程は定員を拡大していくことになった[19]。さらに、地方分権・規制緩和政策のもと、2004年に「総額裁量制」が導入されたことによって任命権者別の教員採用者数の多様性は拡大した。つまり、教員免許取得者と教員採用者の両方において、「量」についての計画性は大きく低下した。

　2022年1月、文科省は「『教師不足』に関する実態調査」の結果をまとめて

公表した。それによれば、2021 年 4 月の始業時において学校に配置されるべき
教員が不足していた数は全国合計 2,558 名、不足が生じている学校は 1,897 校
であった。(20) 不足に至った要因としては、①産休・育休取得者数、②特別支援学
級数の増加、③病休者数の増加により必要となる臨時的任用教員が見込みより
増加したこと、などがある。その背景には、正規採用教員の数を絞り込み、臨
時的任用教員に依存する度合いを増し続けてきた教員採用および学校への教員
配置施策の実態がある。(21)「臨時的任用教員になる人がいない」という事態が各
地で生じているのである。

2．教職の専門性の曖昧さ

　以上からみると、教職の専門職化を追求するにしても、「専門性」を高める
ために厳密な「閉鎖制」をとることは困難であることなど、教職には医師や法
律家等の伝統的な専門職とは異なる特徴があると考える必要がある。

　前節で挙げたように、天野はかつて、「(2) その職業に従事するためには、国
家ないしはそれにかわる団体による厳密な資格試験をパスすることが要求され
る。」という条件を教職は具備していると述べた。しかし、はたしてそう言え
るだろうか。

　教職の場合、資格である教員免許状の取得は各大学の単位修得に関わる評価
基準に依存する。ただし、免許状取得者が教員として教壇に立つためには、公
立学校の場合、任命権者が行う採用試験に合格することが必要である。一見、
「厳密な資格試験」に等しいハードルが 2 段階準備されているかのように映る。
しかし、「開放制」のもとでは、課程認定を受けている大学で必要単位さえ揃
えれば人数制限なく教員免許状の取得が可能である。加えて、前掲の高橋が指
摘したように、教員採用試験の合格者数は当該年度の学級編制状況によって規
定されるのであり、その量的需要を充たすことが優先される。さらに付言する
と、学校教員の需要は地域や時期によって変動することを踏まえると、教員免
許状を所持して教職に就いていない人材が全国どの地域にも一定数いることは、
必要でさえある。なぜなら、前述のように産休・育休取得者がいた場合には免

許状保持者の中から非正規の代替教員を雇用しなければならないからである。

　以上のことを踏まえると、資格取得と採用という2段階の評価は、厳格な質保証という機能を果たしているとは言い難いのである。

3. 「行為の中の省察」と非合理性

　佐藤学は、1990年代以降、専門職の職務原理が「科学的技術の合理的適用」ではなく「行為の中の省察」を軸として把握されるようになったと述べている[22]。これは、専門職に求められる専門性はどうあるべきか、についての基本的な解釈の変化を意味している。

　同様の変化は組織研究の領域でも認められる。西脇暢子は組織研究の視座から「プロフェッショナル研究」をレビューして、1950～1960年代に基盤形成された「官僚制ベース研究」と1980年代にアイデアが提起されて1990年代以降に本格化する「知識ベース研究」に分類整理した[23]。それによると、「官僚制ベース研究」は専門知識・自律性・職業規範の獲得や保持をプロフェッショナルの資質と捉えていた。これに対して、「知識ベース研究」は、知識を駆使して問題の設定・解決ができる実行者であるかどうかに注目するようになった[24]。こうした展開は、かつて筆者が論じたこと、すなわち学校組織論のベースが技術合理性から非合理性へとシフトしたことにも合致する[25]。

　これらのことは、従来自明とされてきた「専門職」概念の問い直しを意味している。それとあわせて、それぞれの「専門職」が職務においてベースにすべき「専門性」すなわち知識がいったいどのようにして生成されるのかに着目する必要性を提起している。

　ここで、医師等の専門職と教職との差異について留意する必要がある。教職の職務遂行に不可欠な知識・技能等の体系は不明瞭である。医師にとってのそれが医学の学問的知識に依拠することとは異なり、教職のそれは教育学の学問的知識だけでは成立しない。教職の専門性は、学問的知識を生成し精錬する研究者コミュニティと、実践的知識を生成し精錬する実践者コミュニティとの、非階層的な相互交流に基づいて組み立てる必要がある[26]。それは科学的な厳密性

に基づく知識だけを体系化するという考え方にはなじまないと考えるべきであろう。

第5節　さまざまな「多様性 (diversity)」に備えた教員養成の再構築へ

　大学における教員養成の未来を展望するにあたって、本章は戦後教員養成の出発点に遡ったうえで教職の専門性と専門職性の特徴・性質を検討してきた。戦後期からしばらくの間、「準専門職」とされていた教職をいかにして専門職化するか、できるか、が追求された。ところが、「開放制」や「学芸大学」という新規の概念の含意は、教職の専門性を特定の知識・技能に限定し厳密化することをあえて避けるという志向性に拠っていた。加えて、今日の教員不足状況も含めて、教員養成の歴史は年ごとに変動する学校現場の「量」的需要に対応し、時には翻弄される道を辿ってきた。

　しかし、だからといって専門性の内実を体系的な知識として子細に定めたり、実践マニュアル化して示したりすることは、前節で述べた教職の特徴からみて適切とはいえない。そうした中で、国家的統制であったとしても、一定の緩やかさをもつ教職課程認定制度は教職の専門性の質保証装置として実効性をもってきた。ただし、それが法令上の位置づけや性質が曖昧で、作成主体や根拠も明確ではない「教職課程コアカリキュラム」に依拠するとなると、内容の妥当性や正統性の担保が重要な論点とされなければならない。なぜなら、医学や薬学における「モデル・コアカリキュラム」が学問的知識体系に依拠することが自明であるのに対して、前述のように教職課程はそうではないからである。

　教員養成の未来を構想するためには、これからの学校教育はどうあるべきかを冷静にみつめなければならない。すでにさまざまなところで論じられていることではあるが、本稿を結ぶにあたって最も重要だと考える点は「多様性 (diversity)」の包摂である。冒頭で指摘したように、現代社会では児童生徒が抱える課題状況が著しく多様性を増している。「相対的貧困」やインターネット上のいじめ、

外国にルーツをもつ児童生徒、不登校あるいは不登校傾向のある児童生徒の増大などが象徴するように、従前とは異なる対応を必要とする課題状況が現在の学校現場には溢れている。ICT の活用などの可視的な改革に関心が集まる傾向にあるが、児童生徒、保護者、地域の人々がさまざまな面での多様性を増し、その背景に多種多様な要因が複雑に絡み合っている現実に、学校および教職はどのように向き合うべきなのか。非学校、非教職という他のアクターに委ねることが正義なのか。待ったなしの検討を迫られている。

　周知のように、こうした課題状況を含む多様な困難への対応として 2015 年 12 月の中教審答申「チームとしての学校の在り方と今後の改善方策について」が、①教職員の指導体制の充実、②教員以外の専門スタッフの参画、③地域との連携体制の整備、を通じた「専門性に基づくチーム体制の構築」を提言した。学校と教員の業務が膨張の一途を辿る実態を踏まえると、こうした施策は重要である。

　ただし、非教職の多様なスタッフを学校に配置することによって教員の業務は縮減され、教職の専門性も明確に焦点化した再定義が可能になるかというと、それは難しい。

　岡山裕によると、ある職業者集団が競合する他集団に対して優越的地位を獲得し、やがて独占を維持するようになったときに「専門家（職）」は成立する。[27] ただし、もともと幅広い業務に従事していた職業集団がその一部を新たな専門家に委ねると当該領域に関わる判断はすべて一任できると考えがちだが、現実はそうならない。このロジックを学校・教職に引きつけて考えてみると、次のようになるだろう。元来、教職は子どもの生活全体を包摂した教育に携わる「ゼネラリスト」として機能しており、その業務を分類することは困難である。スクール・カウンセラーをはじめとする非教職のスタッフは、従来教員が担っていた特定領域の業務に限定した「スペシャリスト」だといえる。そのスペシャリストが学校に配置されて限定業務を遂行したとしても、教員はそれらを包摂した「ゼネラリスト」としての役割から解放されるわけではない。教育の全体を見渡すことのできるゼネラリストが関係者間の情報共有や意見集約およ

び判断を行うことは不可欠だからである。上記の中教審答申が管理職や主幹教諭等のリーダーシップを強調する所以である。

　以上のように考えると、非教職の多様なスタッフを配置することとあわせて、教職を構成するメンバーの多様性を確保することが重要な意味を持つと考えられる。「開放制」という原則は、かつて追求された教職の専門職化のための専門性保証においては、直接的な意義を持たなかったかもしれない。しかし、その原則のもとで、多種多様な学問領域にわたる大学・学部が教員養成に携わる仕組みが形成されている。各大学・学部が教科の専門的知識を深めると同時に教職専門教養を深める教育を行えば、およそありとあらゆる学問分野から教員を輩出することができる。[28]

　教職自体の内部に多様性と異質性を確保することは、学校組織がチームとして多様で幅広い教育課題に対処するうえで重要な武器になり得る。ただし、大学が提供する教職に関する専門教養の学修は共通の核として維持すべきである。そのうえで、社会人キャリアを有する多様な人々の中で、学校教育に貢献しようという意欲を持つ人が大学や大学院での課程履修をしやすいようにする条件整備が進められるべきである。専門性を有する個性的な教員が教職を構成するための方策を求めていきたい。

　注

(1) 竺沙知章「『開放制』概念の多義性とその限界」TEES 研究会編『「大学における教員養成」の歴史的研究——戦後「教育学部」史研究』学文社，2001 年，408 ページ。

(2) 竺沙知章，前掲，409 ページ。

(3) 教育刷新委員会での教員養成制度をめぐる議論は対立と錯綜を繰り返して展開されたが、最終的には「教育者の育成を主とする」「学芸大学」という玉虫色の構想に収束した。浜田博文「教育刷新委員会における論議」TEES 研究会編，前掲書，77-97 ページ。

(4) 他の複数学部を有する国立大学のうち 19 校は「学芸学部」で、残りの 20 校は「教育学部」であった。浜田博文「教育界と東京学芸大学」東京学芸大学創立五十周年記念誌編集委員会編集『東京学芸大学五十年史　通史編』1999 年、13 ページ。

(5) 浜田博文、同上、20 ページ。

(6) 吉本二郎『学校経営学』国土社、1965 年、52 ページ。

(7) 今津孝次郎『新版 変動社会の教師教育』名古屋大学出版会、2017 年、47-48 ページを参照した。

(8) 佐藤学「教職の専門職性と専門性」日本教師教育学会編『教師教育研究ハンドブック』学文社、2017 年、6-9 ページ。

(9)「教員の地位に関する勧告（仮訳）」(1966 年 10 月 5 日) 教員の地位に関する特別政府間会議採択。https://www.mext.go.jp/unesco/009/1387153.htm（2023 年 11 月 5 日最終確認）

(10) 竹内洋「専門職の社会学——専門職の概念」『ソシオロジ』第 16 巻第 3 号、社会学研究会、1971 年、50 ページ。

(11) 竹内洋「準・専門職業としての教師」『ソシオロジ』第 17 巻第 3 号、社会学研究会、1972 年、72-102 ページ。

(12) 天野正子「専門職化をめぐる教師の意識構造について」『教育社会学研究』第 24 巻、1969 年、140、157 ページ。なお、天野は 1986 年の論稿（天野正子「専門的職業」日本教育社会学会編『新教育社会学辞典』東洋館出版社、1986 年、576-577 ページ）ではこれを 3 点に絞っている。

(13) 天野正子、前掲、1969 年、141 ページ。

(14) 今津孝次郎『新版 変動社会の教師教育』名古屋大学出版会、2017 年、47-49 ページ。

(15) 浜田博文「学部のあゆみ」東京学芸大学創立五十周年記念誌編集委員会編集『東京学芸大学創立五十周年史 通史編』東京学芸大学創立五十周年記念事業後援会、1999 年、26-27 ページ。

(16) 山田昇『戦後日本教員養成史研究』風間書房、1993 年、350-359 ページ。

(17) 若井彌一「教員養成課程認定行政の検討——その指導・助言的性格の意義と問題点」『日本教育行政学会年報』第 5 号，1979 年、191 ページ。

(18) 高橋哲「教員——未完の計画養成」橋本鉱市編著『専門職養成の日本的構造』玉川大学出版部、2009 年、113 ページ。

(19) 岩田康之『「大学における教員養成」の日本的構造——『教育学部』をめぐる布置関係の展開』学文社、2022 年、86-91 ページ。しかし、2005 年度以降に小学校教員養成に関する規制緩和が行われ、競争原理による教員養成の質向上が目指された。ところが競争は機能したと言えず、教職入職者の数は減少し質も低下しているという（同書、181 ページ）。

(20) 文部科学省「『教師不足』に関する実態調査」(2022 年 1 月)。https://www.mext.go.jp/content/20220128-mxt_kyoikujinzai01-000020293-1.pdf（2023 年 11 月 11 日最終確認）

(21) 氏岡真弓『先生が足りない』岩波書店、2023 年。

(22) 佐藤学『専門家として教師を育てる──教師教育改革のグランドデザイン』岩波書店、2015 年、70 ページ。

(23) 西脇暢子「組織研究の視座からのプロフェッショナル研究レビュー」組織学会編『組織論レビューＩ──組織とスタッフのダイナミズム』白桃書房、2013 年、95-140 ページ。

(24) 西脇暢子、同上、102-103 ページ。

(25) 浜田博文「組織構造論」大塚学校経営研究会編『現代学校経営論』2000 年、11-18 ページ。

(26) 浜田博文編著『学校ガバナンス改革と危機に立つ「教職の専門性」』学文社、2020 年。

(27) 岡山裕「専門性研究の再構成」内山融・伊藤武・岡山裕編著『専門性の政治学』ミネルヴァ書房、2012 年、19-51 ページ。

(28) 中教審の部会審議などでは教職の同質性・単一性が問題として指摘されることがあるが、開放制教員養成のもとで教員免許状を取得した教員集団は必ずしも同質・単一とはいえない。

補章
今後の教師教育改革への示唆──当事者に対する 2023 年度質問表調査結果の分析から──

● 川村　光

第1節　教師教育の高度化の動向

　我が国ではこれまで教師教育の高度化に関わる政策が打ち出され、また、その高度化について議論がなされてきている。国家レベルでは、1970 年代以降に文部省は現職教員のための大学院大学として新構想の教育大学を創設し、専修免許状を設け、さらに全国すべての国立教員養成学部の上に修士課程を設置し、教師教育の高度化に着手した。2000 年代に入ると、旧民主党を中心とする連立政権のもとで、中央教育審議会では教員養成 6 年制構想として教員養成の修士レベル化の検討がなされた。さらに、高度専門職業人養成の観点から、新しい学校づくりの有力な一員となりうる新人教員と、確かな理論とすぐれた実践力・応用力を有するスクール・リーダーの養成を目的として、専門職大学院の一形態として教職大学院が設置された。だが、文部省（文部科学省）、都道府県教育委員会、教員養成系大学・学部各々の課題と、政権交代などが複雑に絡み合い、現在においても大学院修了レベルの教員の輩出は低調であり、教師教育の高度化は進んでいるとは言い難い。

　このような状況の中で、国家レベルだけではなく、大学の研究者レベルで教師教育の高度化の必要性について議論がなされている。例えば、①教職の専門職化のために、医学教育等と同様に専門職養成としての大学院レベルでの養成が必要であること、②学校行政の転換や複雑化する社会の中で教育実践をしていくことが求められること、③欧米や近年の東アジア諸国では修士レベルでの教員養成が行われているにもかかわらず、日本では学士レベルでの養成が中心

であり教師教育の高度化が遅れていること、④日本では他国と比較して、子ど
もたちが授業における学びの質に関して低い評価をしていることを根拠にして、
教師教育の高度化を推進することを求めている。⁽¹⁾ また、日本教師教育学会では
年報で「教師教育の"高度化"を考える」という特集を組み、教師教育の高度
化の推進を前提とした議論がなされている。⁽²⁾

　以上のように、国家レベルや、一部の研究者たちによって教師教育の高度化
の必要性は認識されて、議論や検討がなされているものの、教師教育を受ける
主体である現職教員、教師教育を担う大学教職課程担当者（以下、大学教員）、
教員の力量形成の支援をする教育行政関係者（以下、行政関係者）という、教師
教育に関わる当事者たちの声はこれまで十分に取り上げられていない。そこで
本章では、彼らに対する質問表調査の結果をもとに教師教育観の共通性と差異
性を捉え、教師教育についての当事者の意見を取り上げたい。そのことから教
師教育関係者がどのような教師教育を求めているのかということを明らかにす
ることを通して、今後の教師教育のあり方について考察する。

第2節　教師教育に関わる当事者の教師教育観

1. 調査概要

　筆者を含む教職課程運営に関与している大学教員 15 名によって構成された
調査研究プロジェクトメンバーは、教師教育のグランドデザインを構築するに
あたってその案を作成した。その妥当性を検証することを目的として、案の文
言を再構成し質問項目に落とし込み、二つの質問表調査を実施した。一つは主
調査として、現職教員、大学教員、行政関係者、日本教師教育学会会員を対象
としたものであり、もう一つは補充調査として教職課程科目を履修している大
学生と大学院生を対象としたものである。

　ここでは主調査データのみを使用し、グランドデザイン案に組み込まれてい
る教師教育に関する考え方についての当事者の意見を捉える。⁽³⁾

　調査実施方法は**表 1** の通りであり、調査時期は 2023 年 5 月 - 6 月である。⁽⁴⁾

また、回収したサンプルの概要は**表2**、**表3**の通りである。

表1　調査実施方法の概要

現職教員	・本研究プロジェクトメンバーによる機縁法。 ・Google フォームで回答。
大学教員	・教職課程を有する大学 (835 校) の教職担当者に依頼状 1 通を郵送。なお、大学で複数の教職課程を有している場合は、それらの課程を有しているすべての学部等への調査回答協力の依頼も行った。 ・Google フォームで回答。
行政関係者	①教育委員会: ・都道府県教育委員会、政令指定都市の教育委員会、豊能地区教職員人事協議会、合計 68 教育委員会・協議会に依頼状を郵送。 ・調査票 (回答した調査票は返送) ないし Google フォームで回答。 ②教育行政管轄の教職センター: ・都道府県教育委員会と政令指定都市の教育委員会の合計 67 教職センターと、中核市の合計 57 教職センターに依頼状を郵送。 ・Google フォームで回答。 ③個々の教育行政関係者: ・本研究プロジェクトメンバーによる機縁法。 ・Google フォームで回答。
日本教師教育学会会員	・学会員に対してメールリストをもとに依頼。 ・Google フォームで回答。
大学生・大学院生	・本研究プロジェクトメンバーの所属大学などの大学生・大学院生に依頼。 ・Google フォームで回答。

表2　全回収サンプル数 (主調査)

	学会員	非学会員	合計
現職教員	73	450	523
大学教員	202	193	395
行政関係者	7	83	90
合計	282	726	1,008

(注) 数値は人数。

表3　現職教員サンプル (所属校区分)

小学校	中学校	高校	特別支援学校	中高一貫校	その他	合計
231	180	70	14	19	9	523

(注) 数値は人数。「その他」は幼稚園や義務教育学校など。

2.　教師教育に関わる当事者たちの教師教育観比較

　教師教育に関する考え方については、「同意できる」3点、「どちらからといえば同意できる」2点、「どちらかといえば同意できない」1点、「同意できない」0点として、各所属集団の平均値を出した。つまり、平均値が3点に近いほど強く同意しており、逆に0点に近いほど同意していないということである。集団間の平均値比較を行うために統計的分析を行い、差異を確認した。その結果、誤差ではなく差異として確認できた関係箇所は実線で結んだ（**表4, 5**参照）。

　第一に、現職教員・大学教員・行政関係者の教師教育観を比較した結果を見ていこう（**表4**左側参照）。

　グランドデザイン案では、「これからの教師像」を「教師とは市民性（社会的公正など）や豊かな感性（人権感覚など）を基盤とした『学びと成長の専門家』、『自律的でクリエイティブな高度専門職』であり、そのような教師の専門的な力量は、同僚性や協働が重視される職場環境の下でこそ十全に発揮される」と設定した。この「これからの教師像」の分析結果を確認すると、立場に関係なく全体的に同意していることがわかる。教師教育に関わる当事者は、教師を市民性や感性を基盤とした「学びと成長の専門家」「自律的でクリエイティブな高度専門職」として捉えること、また、同僚性や協働が重視される職場で彼らの専門的力量が発揮されることに大変肯定的である。

　先述の教師像を目指して行われる大学における教員養成での学びに関わった考え方についても全体的に賛同している。教職や教科の専門科目に限らない、幅広い教養、市民性、人権感覚や多文化共生などに関わる学修の重要性については、三者間に差異はなくそれらの重要性を強く認識している。

　だが、教員養成の担い手である大学教員と、現職教員・行政関係者の間で考え方に若干の差異がある。教員としての力量は大学生活全体で養成させること、大学教育の中で教科内容に関わる知識・技能を深めること、教育諸科学の学修、教育諸科学の学修を通して教育実践上の課題を把握し分析するための手段や方法を習得すること、専門的な学問の研究方法を身につけることについては、大学教員の方が、現職教員、一部の項目については行政関係者よりも強く賛成し

表4 「これからの教師像」と大学における教員養成での学び

	現職 教員	大学 教員	行政 関係者	小学校 教員	中学校 教員	高校 教員
「これからの教師像」						
「これからの教師像」	2.69	2.67	2.73	2.71	2.64	2.74
大学における教員養成						
教員としての力量は、教職や教科に関する科目だけでなく、専門科目や教養科目、さらには課外活動等も含めて大学生活全体で養成される。	2.48——	2.72	2.63	2.40	2.55	2.57
教員になる者は、それぞれの教科内容に関わる知識・技能を大学教育の中で深めていく必要がある。	2.52——	2.69	2.63	2.45	2.58	2.66
教員になる者が、さまざまな現代的な教育課題を学ぶ上で教育諸科学(教育学や心理学等)は重要である。	2.69——	2.86——	2.72	2.69	2.68	2.76
教員になる者が、教育諸科学(教育学や心理学等)を学ぶことを通して、教育実践で直面するであろうさまざまな課題を把握し分析するための手段や方法を身につけることは重要である。	2.60——	2.78	2.71	2.61	2.58	2.69
教員になる者が、さまざまな現象を科学的に捉え、解析する力を養う上で、専門的な学問の研究方法を身につけることは重要である。	2.46——	2.69——	2.49	2.42	2.44	2.61
教員になる者には、教職や教科に関する科目に限らない幅広い教養を学ぶことが重要である。	2.78	2.83	2.86	2.80	2.72	2.81
教員になる者には、市民性(社会的公正等)の学びが重要である。	2.76	2.81	2.81	2.73	2.73	2.87
教員になる者には、人権感覚や多文化共生などに関わる感性を養う学びが重要である。	2.83	2.87	2.91	2.81	2.82	2.84
教員になる者には、コミュニケーション能力を養う学びが重要である。	2.81——	2.67——	2.88	2.82	2.81	2.77

(注) 数値は「同意できる」3点、「どちらかといえば同意できる」2点、「どちらかといえば同意できない」1点、「同意できない」0点としたときの平均値である。なお、一元配置分散分析の結果、5% 水準で有意差がある場合は実線で結んだ。

表5　大学卒業後段階の教師教育に関する意見

	現職教員	大学教員	行政関係者	小学校教員	中学校教員	高校教員
大学卒業後の、教員のさらなる学び						
大学院などさまざまな場において教育実践に関する研究の機会があることが望ましい。	2.62	2.68	2.71	2.66—	—2.47—	—2.81
大学院などさまざまな場において教育諸科学(教育学や心理学等)に関する研究の機会があることが望ましい。	2.54—	—2.64	2.67	2.60—	—2.39—	—2.70
大学院などさまざまな場において教科内容等に関わる研究の機会があることが望ましい。	2.61	2.69	2.70	2.65—	—2.49—	—2.70
大学院などさまざまな場において幅広く深い教養を育む機会があることが望ましい。	2.57	2.53	2.66	2.64—	—2.47	2.60
教員としてのさらなる学びを、いつどこでどのように得るかについては、教員自身の主体的な判断が尊重されることが望ましい。	2.62	2.62	2.54	2.68—	—2.54	2.66
大学での教員養成制度						
教職の学びをレベルアップするために教員免許状の取得は、大学院(修士)修了を原則とすることが望ましい。	1.16—	—1.44—	—1.11	1.15	1.01—	—1.41
教員としての力量を形成するためには、教職に就く前後を問わずいずれかの段階において、一人ひとりに適した形で、大学院(修士課程)で学ぶことが望ましい。	1.54—	—2.00—	—1.54	1.56—	—1.27—	—1.97
大学院で学ぶ機会を保障するため、返還の必要のない奨学金制度(現職教員向けの奨学金を含む)によって経済的負担を軽減すべきである。	2.56	2.58	2.48	2.62—	—2.44	2.64
現職教員が大学院で学ぶ機会を保障するため、そのための教員定数の拡充や有給の研修休暇制度の新設を行うべきである。	2.64	2.62	2.61	2.70—	—2.53—	—2.79
学生時代に免許を取得しなかった社会人が教職に就く際には、特別免許状などの方法によるのではなく、「教職特別課程」など、大学での教員養成プログラムを経るようにすべきである。	2.25—	—2.39—	—2.00	2.31	2.20	2.26

(注) 数値は「同意できる」3点、「どちらかといえば同意できる」2点、「どちらかといえば同意できない」1点、「同意できない」0点としたときの平均値である。なお、一元配置分散分析の結果、5%水準で有意差がある場合は実線で結んだ。

ている。すなわち、大学教員は、教員としての力量を習得するにあたって大学生活全体や学術的知識の重要性を強く意識していることが窺える。その一方、コミュニケーション能力を養う学修については、現職教員や行政関係者という学校現場関係者の方が重視していることがわかる。

次に、大学卒業後段階の教師教育に関する意見を確認する（**表5**左側参照）。大学教員だけでなく学校現場関係者も大学院での教育実践、教育諸科学、教科内容に関する研究の機会や、幅広く深い教養を育む機会があること、教員自身が教員としてのさらなる学びについての主体的判断を尊重することについて、望ましいと強く思っている。特に大学教員は、現職教員よりも教育諸科学に関する研究の機会があることを強く望んでいる。

大学での教員養成制度に関しては、返還義務のない奨学金制度の導入、教員定数拡充や有給の研修休暇制度の新設という、教員が大学院などで学ぶための環境整備に関することは、三者とも重要であると考えている。

一方、教員免許状未取得の社会人を対象とした大学での教員養成プログラムについては、三者ともある程度肯定的に捉えているものの、特に大学教員は学校現場関係者より強く肯定している。教員一人ひとりに適した形で大学院での学修を行うことについては、大学教員はどちらかといえば同意しているものの、学校現場関係者は否定的な意見を持っている。さらに、教員免許状の取得を大学院修了レベルにすることについては、大学教員は相対的に肯定的であるものの、三者とも否定的な見解である。

以上のことから、現職教員、大学教員、行政関係者の教師教育観は、大学での教員養成の学修に関わる部分について概ね類似する傾向がある。だが、実際に大学で教師教育を行っている大学教員は学校現場関係者よりも、大学という高等教育機関での教師教育と学問研究の重要性を意識していることがわかる。

第二に、現職教員に焦点をあて所属学校種間の比較を行い、教員の意識の差異性と共通性を確認する（**表4**右側参照）。

「これからの教師像」の考え方については、校種による教員の意識に差異はなかった。また、大学における教員養成での学びに関する意見についても、ど

の学校段階の教員もかなり肯定的であることがわかる。そういう状況の中で、高校教員は小学校教員よりも、大学教育の中で教科内容に関する知識・技能を深めていくことの必要性をより強く感じている。高校では、教科についての専門的知識と技術が最も求められることが関連していると考えられる。

　次に、大学卒業後段階の教師教育に関する意見については、教員間に差異が見受けられる部分が散見される（**表5**右側参照）。大学卒業後のさらなる学びのあり方については、現職教員全体としてかなり肯定的に考えているものの、中学校教員は相対的に低調である。

　また、大学での教員養成制度に関する考えについては、大学院での学修を行うにあたっての環境整備に関して、現職教員の全体的傾向としては肯定的であるものの、中学校教員はその程度が弱い。他方、大学院修了レベルの教員養成と、大学院で学修することについて、現職教員は賛同しているとは言い難く、前者には特に否定的である。その傾向は中学校教員に顕著である。

　以上のように、中学校教員は大学卒業後段階の教師教育にやや否定的である。今回の調査ではその理由を特定することはできないものの、以下の可能性が考えられる。まず、中学校での教職経験が、教員の力量形成にとって実りあるものと感じており、大学院などの学校現場外で学ばなくてもよいという意識を相対的に持っている可能性がある。また、現場での仕事が多く、大学院などで学ぶ余裕を持つことが難しい可能性もある。教員勤務実態調査（令和4年度）の速報値によれば、各学校の教員の労働時間は**表6**の通りである。中学校教員は小学校教員や高校教員と比較して、平日と土日の労働時間ともに長い。1日の

表6　教員の1日あたりの労働時間

	小学校教員	中学校教員	高校教員（参考値）
平日	11時間23分	11時間33分	10時間36分
土日	1時間12分	3時間7分	3時間

(注) 文部科学省初等中等教育局「教員勤務実態調査（令和4年度）の集計（速報値）について」（2023年）をもとに作成。記載時間は在校等時間と持ち帰り時間の合計。高校教員については概要把握のため調査が限定的に実施されたので、時間は参考値となっている。

うち半日近く仕事をし、休日も3時間程度仕事をしている状況であるならば、今以上に学んでいこうという意欲を、他の学校段階の教員たちよりも持ちにくいかもしれない。

第3節　当事者たちによる教員養成の大学院修了レベル化の見解

　前節で確認したように、調査研究プロジェクトで設定した教師教育観について、現職教員、大学教員、行政関係者は概ね肯定的な評価をしていた。だが、教員免許状の大学院レベル化に対しては全体的に否定的であった。そこで、本節では彼らの否定的な態度の理由を検討する。彼らには、**表5**「大学での教員養成制度」の大学院修了レベルの教員養成に関する質問項目に対する回答について、特に意見がある場合に自由記述欄に記載していただいた。その内容の中から代表的なものを取り上げ、彼らの態度の要因を具体的に確認していく。

　第一は、大学院修了レベルにする意義が見出されないことである。例えば、大学院レベルでの教師教育は否定しないが、教員全員がその教育を受ける必然性を感じられないようである。

・教員の中には、大学院で学ばなくとも優れた教育実践を行っているものが無数に存在することを看過すべきではない。大学院教育は広く門戸を開かれ自由にその機会を享受できる仕組みが必要だが、あらゆる教師に不可欠なものではない。〈現職教員〉

　また、大学院修了レベルの教員養成によって、教員がどのような力量を形成したのか不明瞭なことも指摘されている。すなわち、学部卒の教員と大学院修了の教員の力量の違いが判然としないということである。

・本当に優れた教員は、必ずしも大学院を経ずとも仕事ができる。〈大学教員〉

・大学院を出た教員を何名か見てきたが、専門的理論についての学びはあるが、実践力、応用力にかける。経験がないため当然のことと思うが、何とか現場に沿った内容の学びにつながらないのだろうか。〈大学教員〉
・現在の修士課程を経た者が専門的で有能な教員であるとのエビデンスはないものと考える。〈行政関係者〉

　第二は、学校現場での経験が最重要であるという意見である。現職教員の言葉から、日々学校現場で目の前の子どものことを第一に考え、豊かな経験をし、力量を形成しているという実感を窺い知ることができる。

・現場での日々の実践が、教員の資質向上に有益である。あえて現場を離れて学ぼうとするのは、各自の考えによる。児童・生徒にとっては、目の前の教師がすべてであり、その教師が自分の資質向上とか、将来の立場を考えて学び直そうとしようとしているかどうかなど、全く関係ない。〈現職教員〉
・大学・大学院での学びも大切かと思いますが、自分の中では、現場での経験に勝るものはないというのが正直なところです。教員免許状の取得を大学院（修士）修了を原則としたところで、質が向上するとは感じません。〈現職教員〉
・大学院に行かずに早く教育現場で子供や先生と過ごす中で力量を高めるべき。〈現職教員〉

　第三は、教員不足への危機感である。そのことを指摘した者たちは、現在、教員不足が社会問題化している状況下で、教員免許状取得基準を大学院修了レベルにして長期間の教員養成を行うことにより、教員不足に拍車をかける危険性があると考えている。

・教員免許状の取得を大学院（修士）修了を原則とすれば、確かに教職がレベルアップすると考えられますが、それは、教職に就くためのハードルがさらに高くなることを意味します。そのため、より教員不足が加速する懸念があります。〈大学教員〉
・教員不足が社会問題となっている日本の現在を考えると、大学院修了を原則とすることには反対です。また、仮に「〇〇年度から修士号が原則」となった場合、世代間の分断が加速すると考えられます。〈現職教員〉

　第四は経済的負担への危惧である。教員養成期間を延長した場合、今以上に授業料が必要になり、教職を目指す学生や彼らの家庭の経済的負担は重くなる。そういう状況下で教職を目指すことができる者は、一定の所得階層以上でないと難しいということである。

> ・教員免許を取るのは学部の4年間で十分でした。短大の2年間でも十分かもしれません。大学院も含めて6年間も学費を払うことが可能な家庭は、もう現在の日本では少数派です。さらに門戸が狭くなり競争率も下がっていきます。〈現職教員〉
> ・大学院卒を教員の基礎免許授与基準としたとき、大学院通学についての経済的負担は誰が持つのか？　生活費、学費全てを公費で負担されるのであれば賛成できるが、そうでないのであれば、非現実的であり、経済的弱者は教師にはなれないという差別が発生する。〈現職教員〉

　以上の理由から、大学院修了レベルの教員養成という教師教育の高度化について、教師教育に関わる当事者たちは否定的である。しかし、彼らの記述からは、ある一定の条件があれば、教員が実りある学びをすることができる可能性も読み取れる。そこで、当事者たちの意見のなかから、教員がさらなる実りある学びを継続するための提案や意見を紹介する。

　第一は、教職に就き学校現場で経験を積んだ後に大学院に進学することである。教育実践を積み重ね、子ども、同僚、保護者などと直接関わり、さまざまな経験をして課題に直面したり、問題意識を持ったりすることが、大学院での学びを豊かなものにする。

> ・全教員の養成課程を6年にするよりは、現職の後に休職して（現場に戻ることを条件に身分・収入保障などをしつつ、）大学院に行くことを当たり前にし、学校管理職や指導主事等には修士を求めるというのが現実的なのではないかと思います。〈大学教員〉
> ・私は修士課程を出てから教員になりましたが、それが強みになっているかと言われると微妙なところです。教員になってから課題意識をもって大学院に進学した方が、教育実践の場としては生かせると思う。しかし、教育現場には圧倒的にマンパワーが足りず、大学院に派遣する余裕が現状無いのが問題だと思う。〈現職教員〉

・教職に就いている教師全員が教育学部出身とは限らず、また大学時代に本気で教員を目指していたとも限らない。だからといって、教員としてふさわしくないかと言えば、そうとは言えない。むしろ、企業での経験や、教員になってからの学びで、教師として大切な素質を身に付けたり、大きく成長する人は多く存在すると感じている。そう言った「現場感覚」から、教員免許は必ずしも大学院修了であることは必要ないと考える。理想的なのは、現場を得てから大学院で専門や最先端の教育について研究をして、自身の教育観をブラッシュアップし、研究成果を現場に還元できるような機会を、希望する教員は誰でも利用できるようにすることだと感じている。現場を知っているからこそ、より現実的な課題を意識して研究に当たれるのではないだろうか。実践と研究をつなぐ仕組みが必要だと思う。〈現職教員〉

　第二は教員養成カリキュラムの工夫である。「理論と実践の往還」というフレーズはよく指摘されるが、その内実を充実することや、科目履修上の工夫が挙げられている。また、そもそも教員養成を大学院修了レベルにアップデートしなければならないという言説が出現する状況を問題視し、学部レベルのカリキュラムのあり方の再考も指摘されている。

・世界的に見て、教員が修士まで学び、高い専門性を身につけることには賛成しますが、これまでの経験から、必ずしも修士（ストレートマスター）の学生が、ここでいう「感性」が高くないこと、現実の児童や生徒とのコミュニケーションや「まなざし」から離れているケースを少なからず見ます。理論と実践の往還とはよく言われますが、実践場面を都合良く切り取って理論に合わせることではなく、実践の生々しさをどのように多様な理論やケースで客観的に見るのか、というような方向性、学びがもっと増えるとよいと思っています。学校での実習期間を延ばしたところで、どのような活動や関わりをするのか、必ずしも深い経験になっていない場合も多くあります。「課外活動」（あるいは自主的な活動）で意義のある気づきや成長を得る者もいます。深い経験の機会とそれを省察し、位置づけることが必要と考えます。〈現職教員〉
・現職教員が現場の実践から離れずに学習できる仕組みを整備すべき。その際、現職教員の負荷を低減させるようカリキュラムを工夫してほしい。〈現職教員〉
・大学院に行かないと学びがレベルアップされず、免許取得に影響があるような4年間の課程であることを問題視した方が良いと感じました。多くの大学は3年生から空きコマが増えます。必修の単位数を少し増やし、4年間で学ぶべきことを濃く深く学べるような改善の方が好ましいのではないかと考えます。もしくは、医・歯・薬学部等と同じように6年制に…？〈現職教員〉

　第三は教員が学び続けるための環境づくりである。大学院で教員が学修することが要因で学校の教員不足が発生することに対する人員補充の対応、教員が学びたいときに学べるような業務量や業務体制、学校での業務を原則的にせず大学院での学修に専念できるようにするための経済的支援、教職大学院だけでなくその他の大学院や大学院以外で学修を可能にする制度的多様性の整備が提案されている。

●**教員の補充**

・教職大学院での学びは、学びたいと思うタイミングで進学するほうが意欲的な学びにつながるとは思いますが、自分の経験上、現職の人の場合、自身の意志に関わらずの進学でも、大学院でも学びは現場の実践を何らかの形で見直し、発展させていくきっかけになっているように思います。そして、進学したくてもできない状況には、自治体の人手不足が影響しているようなので、進学に際して、空いた穴を補充できるような制度があるといいとは思います（が、この点は、現実的にかなり難しいのではないかと思っています）。〈大学教員〉

・奨学金の返済免除は、教職志望者を増加させるインセンティブにかなりなると思います。大学院派遣研修などは拡充してほしいと思いますが、その欠員を埋め合わせるだけの補充人員が現実的には不足している環境で勤務しています。〈現職教員〉

●**教師の業務の見直し**

・今、このことを学びたい、ステップアップしたいという時期は、一人一人タイミングが違います。そして、そう考える時期には、大抵もう校内で重要な仕事を担っていて、抜けることが難しい現状です。〈現職教員〉

・現職教員の学習機会を確保するためには、学習指導要領の見直しを含め、教員の業務量を抜本的に改善する必要があると思います。〈現職教員〉

●**経済的支援**

・現職教員が大学院で学ぶ場合は、原則、無償にすべきである。そのかわり、修了後（途中退学含む）の就労年を設けたり、学校現場に還元するようなアクションを義務づけるとよい。在学中は、休職の方法だけでなく、時間割の調整を行う工夫もすればよい。〈大学教員〉

・法律に定める学校の教員は、自己の崇高な使命を深く自覚し、絶えず研究と修養に励み、その職責の遂行に努めなければならない、のであれば、それに対する予算や機会（時間）を提供すべきである。〈大学教員〉

・教員になってから専門性を高める機会をもつことは非常に大切である。経済的支援をしてそのような機会をもてることは非常にありがたい。しかし、希望者全員にそのような措置がとれるのか、また、自治体や校長会で推薦された者だけがそのような支援を受けて学ぶというものでは、不公平感が残るのではないかと感じます。大学院を修了することで、修士号がえられるということは、教師以外への道（研究者）という選択肢もできてしまう。現職教員へどこまで支援をしていくかは、様々な視点から考えていく必要があるのではないかと思う。〈行政関係者〉

● 学びの制度の多様性

・私立には大学院にいって学ぶ制度がなく、退職して院生として学ぶことになります。もっと学びたい教員が安心して学べるような制度を作る必要があるかと思います。〈現職教員〉

・教師の学びなおしの場が大学院でなければならないということではない。多様な選択肢の中から自分に合った学びなおしの機会が得られるような仕組みこそ必要。〈行政関係者〉

・現状の教員が大学院で学ぼうとすると教職大学院のみという規定が多く、その他の大学院での学びが阻害されている。〈大学教員〉

　第四は大学院修了者の処遇改善である。採用、待遇、職務において、学部卒の教員と大学院修了の教員との処遇が明瞭でない現状を改善していくことである。

・「大学院は勉強する場所ではなく、研究をする場所である」という捉えが大前提である。そのため、個人の研究意欲が大学院での学びの最低条件である。よって、安易な奨学金制度の制定は腰休め的な院生の存在を作りかねないため、現職に限り適用すべきであろう。また、現職にはミドルリーダーといった曖昧な立ち位置ではなく、修了後の役職や給与への反映を明確にした上で、現職院生を選ぶべきである。〈行政関係者〉

・現在、専修免許状は採用、待遇、職務などの面で特に意味のないものになっています。貴グループでは、養成を修士レベルにアップグレードすることも構想していらっしゃると思いますが、その場合、専修免許（修士レベルでの養成を受けた者）について、上記のような点を考える必要があると思います。その意味でも全教員の養成課程を6年にするよりは、現職の後に休職して（現場に戻ることを条件に身分・収入保障などをしつつ、）大学院に行くことを当たり前にし、学校管理職や指導主事等には修士を求めるというのが現実的なのではないかと思います。これは現在も理念上は行われていることではありますが、上記の、教育修士や専修免許を持っていても制度上ほとんど意味のない現状が、修士で学ぶ意味を薄めていると思います。（力量向上という意味ではもちろん意味があると思いますが。）管理職やリーダー層に必ず修士を求めることを、まずすべきではないかと考えています。〈大学教員〉

第4節　今後の教師教育改革に向けて

　教師教育の当事者たちの考えに注目した質問表調査の結果から、彼らが教員を市民性や感性を基盤とした「学びと成長の専門家」「自律的でクリエイティブな高度専門職」として捉え、同僚性や協働が重視される職場で、教師の専門的力量が発揮されるという、「これからの教師像」や教師の力量形成のあり方を、目指されるべき教師像の一つとして受け入れ、大学卒業後も学び続ける必要性を感じていることが明らかになった。

　しかし、立場の異なる当事者それぞれが期待している教師教育の方向性が、完全に一致しているわけではないことも明らかになった。教員には、大学院修了に囚われない多様な学修機会があればいいという声がある。彼らは学校現場で学び続けるための整備と、いつでも学べる多様な学習環境の整備を求めており、大学院での学びもその中の一つの選択肢として位置づけている。

　今後、教員が学び続けられる教師教育システムを体系的に整備し、その中の一つとして大学院での学びを適正に位置づけることが重要になるだろう。それは、大学院での学修や、それを実現するためのカリキュラムを、大学院の論理

だけで決めるのではなく、現場の声にしっかり耳を傾けて、発展的に構築していかなければならないことを意味する。大学院の論理だけでも、あるいは現場のニーズだけでも適切ではないのである。

　また、教師教育の高度化を求める立場の者たちが、現在の教員養成の課題と、大学院でしか学べない内容の意義も含め、実証的に根拠を持って丁寧に当事者たちにその必要性を説明することも重要だろう。そういうプロセスを経て構築される教師教育システムにおいてこそ、教員は自ら学び続け、「学びと成長の専門家」と「自律的でクリエイティブな高度専門職」になっていけるだろう。

注

(1) 佐藤学『専門家として教師を育てる―教師教育改革のグランドデザイン』岩波書店、2015 年。
(2) 日本教師教育学会（編）『日本教師教育学会年報』第 23 号、2014 年。
(3) 教職を目指す大学生や大学院生も教師教育に関わる当事者であるが、紙面の都合上割愛する。彼らの意見については資料編を参照されたい。
(4) 本調査では機縁法やその他の調査方法を用いている。また、回収率が不明のため、各サンプル集団が母集団を代表するものとは言い難い。だが、各集団は一定のサンプル数によって構成されているので、各集団の特徴の一側面を捉えていると考えられる。

資　料

調査データ

　本資料は、日本教師教育学会課題研究Ⅱプロジェクト内で行われた調査データを示すものである。具体的には、本研究の提案する「グランドデザイン」（序章参照）の改善と妥当性の検証を目的に行われた、教員養成課程関係者に対する主調査と補充調査の二つの質問紙調査のデータである。以下では、その概要と結果を記す。

第1節　主調査

1. 調査の概要

　グランドデザインの妥当性検証を目的に、教員養成課程関係者に対して、グランドデザインが念頭におく各論点に関する意見をたずねた。

2. 参加者

（ア）現職教員：523名
（イ）教員養成課程に関わる大学教員：395名
（ウ）教育行政関係者：90名

3. 方法

　質問項目として、グランドデザインの構想する教師像や、具体的な提案を提示し、それに対する同意の程度を「4. 同意できる」「3. どちらかといえば同意できる」「2. どちらかといえば同意できない」「1. 同意できない」にて回答を求めた。また、そう考える理由について、自由記述で回答を求めた。質問項目の作成は、プロジェクトメンバーの中で質問紙調査の経験が豊富なメンバーを中心に分担して作成し、メンバー間の協議を経て決定した。具体的な質問項目は「4. 結果」に示す通りである。

　また、回答の依頼はメンバーによる機縁法を基本としつつ、教育行政関係者と大学教員養成課程関係者については、郵送での依頼を併用した。なお、今回はメンバーにおける機縁法を併用したため、回収率については不明である。

4. 結果

4-1. 参加者

　調査の参加者、およびその属性は次の通りである。

表Ⅰ　全体の参加者の属性

参加者	度数（人）	割合（%）
現職教員	523	52%
大学教職課程担当者	395	39%
教育行政関係者	90	9%
合計	1,008	100%

表Ⅱ　現職教員の所属

所属	度数（人）	割合（%）
小学校	231	44%
中学校	180	34%
高等学校	70	13%
特別支援学校	14	3%
中高一貫校（中等教育学校を含む）	19	4%
義務教育学校	3	1%
その他	6	1%
合計	523	100

※その他には、幼稚園、国立学校（学校種不明）などが含まれた。

表Ⅲ　大学教職課程担当者の職階

職階	度数（人）	割合（%）
教授	214	54%
講師	47	12%
准教授	98	25%
助教	11	3%
その他	15	4%
未解答	10	3%
合計	395	100%

※その他には、特任教授、名誉教授、非常勤講師などが含まれた。

表Ⅳ　教育行政関係者の居住都道府県

都道府県	度数（人）	割合（%）	都道府県	度数（人）	割合（%）
長野県	34	38%	群馬県	1	1%
和歌山県	7	8%	香川県	1	1%
青森県	6	7%	三重県	1	1%
埼玉県	4	4%	神奈川県	1	1%
千葉県	4	4%	大阪府	1	1%
茨城県	2	2%	大分県	1	1%
沖縄県	2	2%	長崎県	1	1%
静岡県	2	2%	島根県	1	1%
鳥取県	2	2%	徳島県	1	1%
東京都	2	2%	栃木県	1	1%
兵庫県	2	2%	福岡県	1	1%
北海道	2	2%	山梨県	1	1%
愛知県	1	1%	未解答	7	8%
岐阜県	1	1%	合計	90	100%

4-2. 回答の記述統計

表Ⅴ 属性毎の回答の平均値 ※カッコ内は標準偏差を示す。

質問項目	現職教員	大学教職課程担当者	教育行政関係者	全体
教師とは市民性（社会的公正など）や豊かな感性（人権感覚など）を基盤とした「学びと成長の専門家」、「自律的でクリエイティブな高度専門職」であり、そのような教師の専門的な力量は、同僚性や協働が重視される職場環境の下でこそ十全に発揮される	3.69 (.53)	3.67 (.56)	3.73 (.50)	3.68 (.54)
教員としての力量は、教職や教科に関する科目だけでなく、専門科目や教養科目、さらには課外活動等も含めて大学生活全体で養成される。	3.48 (.74)	3.72 (.54)	3.63 (.63)	3.59 (.67)
教員になる者は、それぞれの教科内容に関わる知識・技能を大学教育の中で深めていく必要がある。	3.52 (.62)	3.69 (.49)	3.63 (.51)	3.60 (.57)
教員になる者が、さまざまな現代的な教育課題を学ぶ上で教育諸科学（教育学や心理学等）は重要である。	3.69 (.54)	3.86 (.37)	3.72 (.54)	3.76 (.49)
教員になる者が、教育諸科学（教育学や心理学等）を学ぶことを通して、教育実践で直面するであろうさまざまな課題を把握し分析するための手段や方法を身につけることは重要である。	3.60 (.59)	3.78 (.46)	3.71 (.53)	3.68 (.54)
教員になる者が、さまざまな現象を科学的に捉え、解析する力を養う上で、専門的な学問の研究方法を身につけることは重要である。	3.46 (.66)	3.69 (.51)	3.49 (.66)	3.55 (.61)
教員になる者には、教職や教科に関する科目に限らない幅広い教養を学ぶことが重要である。	3.78 (.45)	3.83 (.41)	3.86 (.38)	3.81 (.43)
教員になる者には、市民性（社会的公正等）の学びが重要である。	3.76 (.49)	3.81 (.42)	3.81 (.42)	3.78 (.46)
教員になる者には、人権感覚や多文化共生などに関わる感性を養う学びが重要である。	3.83 (.45)	3.87 (.36)	3.91 (.29)	3.85 (.40)
教員になる者には、コミュニケーション能力を養う学びが重要である。	3.81 (.46)	3.67 (.53)	3.88 (.36)	3.76 (.48)
大学院などさまざまな場において教育実践に関する研究の機会があることが望ましい。	3.62 (.60)	3.68 (.56)	3.71 (.50)	3.65 (.58)
大学院などさまざまな場において教育諸科学（教育学や心理学等）に関する研究の機会があることが望ましい。	3.54 (.65)	3.64 (.57)	3.67 (.52)	3.59 (.61)
大学院などさまざまな場において教科内容等に関わる研究の機会があることが望ましい	3.61 (.58)	3.69 (.50)	3.7 (.53)	3.65 (.55)

大学院などさまざまな場において幅広く深い教養を育む機会があることが望ましい。	3.57 (.64)	3.53 (.66)	3.66 (.60)	3.56 (.65)
教員としてのさらなる学びを、いつどこでどのように得るかについては、教員自身の主体的な判断が尊重されることが望ましい。	3.62 (.57)	3.62 (.62)	3.54 (.69)	3.61 (.60)
教職の学びをレベルアップするために教員免許状の取得は、大学院（修士）修了を原則とすることが望ましい。	2.16 (.99)	2.44 (.89)	2.11 (.83)	2.26 (.95)
教員としての力量を形成するためには、教職に就く前後を問わずいずれかの段階において、一人ひとりに適した形で、大学院（修士課程）で学ぶことが望ましい。	2.54 (1.0)	3.0 (.91)	2.54 (.85)	2.72 (.98)
大学院で学ぶ機会を保障するため、返還の必要のない奨学金制度（現職教員向けの奨学金を含む）によって経済的負担を軽減すべきである。	3.56 (.71)	3.58 (.71)	3.48 (.78)	3.56 (.72)
現職教員が大学院で学ぶ機会を保障するため、そのための教員定数の拡充や有給の研修休暇制度の新設を行うべきである。	3.64 (.63)	3.62 (.69)	3.61 (.58)	3.63 (.65)
学生時代に免許を取得しなかった社会人が教職に就く際には、特別免許状などの方法によるのではなく、「教職特別課程」など、大学での教員養成プログラムを経るようにすべきである。	3.25 (.81)	3.39 (.76)	3.0 (.84)	3.29 (.80)
現在、初任教員は「即戦力」となることが求められるあまり、学生のなかには過度な期待や負担に苦しむ者もいると言われています。このことに関して、「初任者については、責任や業務負担を大幅に軽減すべきである」という考え方があります。この考えについてあなたはどう思いますか。	3.08 (.87)	3.30 (.78)	3.16 (.78)	3.17 (.83)
【大学教職課程担当教員及び教育行政関係者のみ回答】 現在、教職課程の質保証に関わる指標ないし基準として、文部科学省が策定した教職課程コアカリキュラムが用いられています。これに対し、コアカリキュラムは拘束力が強く、大学が自主性・主体性を発揮しつつ責任を持って教員養成を実施する妨げとなる場合があるとの指摘があります。そこで、「教職課程の質保証に関わる指標ないし基準の作成は、教職の専門学会に委託、ないしは、専門学会との連携の下に行われるべきである」という考え方があります。この考えについてあなたはどう思いますか。	3.08 (.83)	3.10 (.85)	3.02 (.72)	3.09 (.83)

第2節　補充調査

1. 調査の概要

　グランドデザインの妥当性検証、及び教員養成に関する多様な意見の収集を目的に、大学生・大学院生に対して望ましいと考える教師像や教員養成課程での学びについてたずねた。

2. 参加者

（ア）教職課程に在籍している大学生
（イ）教職課程に在籍している、もしくはしていた大学院生

3. 方法

　教師像や教員養成課程に関する次の4領域についてたずねた。

　第一に、グランドデザインが前提とする教師像や、具体的な提案について、「4. 同意できる」「3. どちらかといえば同意できる」「2. どちらかといえば同意できない」「1. 同意できない」にて回答を求めた。

　第二に、教員養成課程の特定のカリキュラム内容について、「5. できるだけ多く学びたい」「4 どちらかといえば多く学びたい」「3. 現状のカリキュラムの程度でよい」「2. どちらかといえば必要最小限でよい」「1. 必要最小限でよい」にて回答を求めた。

　第三に、現在の教育実習の期間について、「5. 長い」「4. どちらかといえば長い」「3. 適当である」「2. どちらかといえば短い」「1. 短い」「教育実習は未経験」にて回答を求めた。

　第四に、大学院修士レベルを想定した特定のカリキュラム内容について、「4. 望ましい」「3. どちらかといえば望ましい」「2. どちらかといえば望ましくない」「1. 望ましくない」にて回答を求めた。

　また、各回答について、回答理由を任意の自由記述にて求めた。

　質問項目の作成は、プロジェクトメンバーの中で質問紙調査の経験が豊富なメンバーを中心に分担して作成し、メンバー間の協議を経て決定した。具体的な質問項目は「4. 結果」に示す通りである。また、回答の依頼はメンバーによる機縁法にて行った。

4. 結果

4-1. 参加者

　調査の参加者、及びその属性は次の通りである。

表Ⅵ　参加者の学年

学年	度数（人）	割合（%）
大学1年生	152	18%
大学2年生	313	38%
大学3年生	129	15%
大学4年生	189	23%
大学院生等	51	6%
合計	834	100%

※大学院生等には、大学5年生以上や科目等履修生も含まれた。

表Ⅶ　参加者の所属

所属大学	度数（人）	割合（%）
国公立大学	614	74%
私立大学	214	26%
未解答	6	1%
合計	834	100%

表Ⅷ　参加者の居住都道府県

都道府県	度数（人）	割合（%）
神奈川県	244	29.3%
青森県	142	17.0%
島根県	93	11.2%
東京都	87	10.4%
茨城県	86	10.3%
兵庫県	61	7.3%
埼玉県	28	3.4%
長野県	26	3.1%
千葉県	18	2.2%
大阪府	8	1.0%
福島県	5	0.6%
滋賀県	3	0.4%
静岡県	2	0.2%
鳥取県	2	0.2%
愛媛県	1	0.1%
岩手県	1	0.1%
京都府	1	0.1%
高知県	1	0.1%
佐賀県	1	0.1%
山口県	1	0.1%
栃木県	1	0.1%
福井県	1	0.1%
未解答	21	2.5%
合計	834	100.0%

4-2. 回答の記述統計
表Ⅸ　これからの教師像に関する認識

質問	1年生	2年生	3年生	4年生	大学院生等	全体
『教師とは市民性（社会的公正など）や豊かな感性（人権感覚など）を基盤とした「学びと成長の専門家」、「自律的でクリエイティブな高度専門職」であり、そのような教師の専門的な力量は、同僚性や協働が重視される職場環境の下でこそ十全に発揮される』	3.66 (.58)	3.55 (.59)	3.46 (.61)	3.57 (.54)	3.55 (.73)	3.56 (.59)

※図中の数字は「4.同意できる」「3.どちらかといえば同意できる」「2.どちらかといえば同意できない」「1.同意できない」の回答の平均値、カッコ内は標準偏差を示す。

表X　教員養成や教師の学びに関する認識

質問	1年生	2年生	3年生	4年生	大学院生等	全体
教員としての力量は、教職や教科に関する科目だけでなく、専門科目や教養科目、さらには課外活動等も含めて大学生活全体で養成される。	3.68 (.59)	3.52 (.68)	3.53 (.70)	3.51 (.67)	3.57 (.70)	3.55 (.67)
教員になる者は、それぞれの教科内容に関わる知識・技能を大学教育の中で深めていく必要がある。	3.84 (.42)	3.71 (.52)	3.72 (.48)	3.66 (.59)	3.75 (.48)	3.73 (.51)
教員になる者が、さまざまな現代的な教育課題を学ぶ上で教育諸科学（教育学や心理学等）は重要である。	3.78 (.50)	3.71 (.51)	3.75 (.43)	3.65 (.55)	3.76 (.47)	3.72 (.51)
教員になる者が、教育諸科学（教育学や心理学等）を学ぶことを通して、教育実践で直面するであろうさまざまな課題を把握し分析するための手段や方法を身につけることは重要である。	3.8 (.48)	3.73 (.50)	3.73 (.48)	3.68 (.52)	3.65 (.66)	3.72 (.51)
教員になる者が、さまざまな現象を科学的に捉え、解析する力を養う上で、専門的な学問の研究方法を身につけることは重要である。	3.67 (.55)	3.52 (.62)	3.54 (.64)	3.47 (.67)	3.61 (.53)	3.55 (.62)
教員になる者には、教職や教科に関する科目に限らない幅広い教養を学ぶことが重要である。	3.77 (.52)	3.67 (.50)	3.66 (.51)	3.70 (.50)	3.76 (.47)	3.70 (.51)
教員になる者には、市民性（社会的公正等）の学びが重要である。	3.74 (.56)	3.65 (.58)	3.66 (.55)	3.6 (.53)	3.82 (.39)	3.67 (.55)
教員になる者には、人権感覚や多文化共生などに関わる感性を養う学びが重要である。	3.80 (.48)	3.73 (.48)	3.81 (.39)	3.77 (.42)	3.78 (.42)	3.77 (.45)
教員になる者には、コミュニケーション能力を養う学びが重要である。	3.86 (.42)	3.78 (.47)	3.82 (.44)	3.81 (.42)	3.76 (.47)	3.81 (.44)

※図中の数字は「4.同意できる」「3.どちらかといえば同意できる」「2.どちらかといえば同意できない」「1.同意できない」の回答の平均値、カッコ内は標準偏差を示す。

表XI　現在のカリキュラムに関する希望

質問	1年生	2年生	3年生	4年生	大学院生等	全体
取得希望免許にかかわる専門（教科）の内容について	4.35 (.99)	4.19 (1.03)	4.26 (.99)	4.07 (1.17)	4.41 (.90)	4.22 (1.05)
取得希望免許の専門（教科）の方法について	4.36 (.95)	4.2 (1.02)	4.29 (.89)	4.17 (1.04)	4.41 (1.00)	4.25 (.99)
専門（教科）関係以外の教育諸科学（主に心理学関連分野）について	3.88 (1.18)	3.87 (1.10)	3.83 (.97)	3.63 (1.10)	4.16 (.88)	3.83 (1.09)

探究（主体的に問いを立てて認識を深めていくプロセス）を伴う学び	4.13 (.99)	4.00 (.99)	4.02 (.92)	3.69 (1.08)	4.37 (.82)	3.98 (1.01)
討論を伴う学び	4.05 (1.02)	3.96 (1.04)	3.98 (.86)	3.6 (1.01)	4.24 (.95)	3.92 (1.01)
市民性（社会的公正など）の力量形成に関わる学び	3.97 (1.10)	3.84 (1.01)	3.85 (.99)	3.53 (.98)	4.08 (.89)	3.81 (1.02)
豊かな感性（人権感覚など）の力量形成に関わる学び	4.18 (1.07)	4.10 (.98)	4.04 (.96)	3.77 (1.01)	4.24 (.86)	4.04 (1.00)
さまざまな現代的課題に関する幅広い学び	4.25 (.95)	4.15 (.91)	4.14 (.86)	3.97 (.93)	4.43 (.70)	4.15 (.91)
インターンシップなど教育現場等を直接的に体験する学び	4.45 (.91)	4.15 (.99)	4.08 (1.09)	3.89 (1.05)	4.02 (1.12)	4.13 (1.03)

※図中の数字は「5. できるだけ多く学びたい」「4 どちらかといえば多く学びたい」「3. 現状のカリキュラムの程度でよい」「2. どちらかといえば必要最小限でよい」「1. 必要最小限でよい」の回答の平均値、カッコ内は標準偏差を示す。

表XII　教育実習期間に対する印象

質問	1 年生	2 年生	3 年生	4 年生	大学院生等	全体
教育実習全体の期間の長さに関する印象	3.03 (.77)	3.19 (.75)	3.25 (.70)	3.14 (.87)	2.65 (.90)	3.13 (.79)

※図中の数字は「5. 長い」「4. どちらかといえば長い」「3. 適当である」「2. どちらかといえば短い」「1. 短い」の回答の平均値、カッコ内は標準偏差を示す。

表XIII　大学院レベルでの教員養成に関する認識

質問	1 年生	2 年生	3 年生	4 年生	大学院生等	全体
教職の学びをレベルアップするために教員免許状の取得は、大学院（修士）修了を原則とすることが望ましい。	2.57 (1.08)	2.51 (1.01)	2.47 (.94)	2.19 (.96)	2.71 (1.05)	2.45 (1.01)
教員としての力量を形成するためには、教職に就く前後を問わずいずれかの段階において、一人ひとりに適した形で、大学院（修士課程）で学ぶことが望ましい。	2.86 (1.00)	2.72 (.96)	2.64 (.96)	2.49 (.92)	3.18 (.93)	2.71 (.97)
大学院で学ぶ機会を保障するため、返還の必要のない奨学金制度（現職教員向けの奨学金を含む）によって経済的負担を軽減すべきである。	3.62 (.65)	3.63 (.61)	3.63 (.63)	3.65 (.62)	3.71 (.70)	3.64 (.63)

※図中の数字は「4. 同意できる」「3. どちらかといえば同意できる」「2. どちらかといえば同意できない」「1. 同意できない」の回答の平均値、カッコ内は標準偏差を示す。

表XIV　大学院レベルでの教職の学びとして望ましいと思う内容

質問	1年生	2年生	3年生	4年生	大学院生等	全体
教育実践に関する研究	3.67 (.56)	3.52 (.65)	3.54 (.64)	3.61 (.60)	3.45 (.78)	3.57 (.63)
教育諸科学（教育学や心理学等）に関する研究	3.46 (.70)	3.46 (.69)	3.4 (.64)	3.35 (.68)	3.51 (.73)	3.43 (.69)
教科内容等に関わる研究	3.55 (.69)	3.54 (.65)	3.56 (.64)	3.54 (.66)	3.61 (.64)	3.55 (.65)
幅広く深い教養	3.55 (.69)	3.37 (.74)	3.35 (.76)	3.28 (.78)	3.16 (.83)	3.36 (.75)
本人の主体的な判断による学びや研究	3.61 (.59)	3.53 (.63)	3.53 (.59)	3.51 (.66)	3.51 (.76)	3.54 (.63)

※図中の数字は「4.望ましい」「3.どちらかといえば望ましい」「2.どちらかといえば望ましくない」「1.望ましくない」の回答の平均値、カッコ内は標準偏差を示す。

表XV　免許状制度に関する認識

質問	1年生	2年生	3年生	4年生	大学院生等	全体
大学で教員免許状を取得した者だけが教職に就けるようにすべきだ。	3.00 (.95)	2.90 (.97)	2.85 (.98)	2.88 (.97)	2.94 (.97)	2.91 (.97)
特別免許状の発行は必要最小限にとどめるべきだ。	3.07 (.88)	3.09 (.90)	3.00 (.93)	3.10 (.89)	3.22 (.88)	3.08 (.89)
特別免許状などの方法によるのではなく、「教職特別課程」※ など、大学での教員養成プログラムを経るようにすべきである。	3.36 (.77)	3.23 (.79)	3.23 (.81)	3.27 (.78)	3.41 (.90)	3.27 (.79)

※図中の数字は「4.同意できる」「3.どちらかといえば同意できる」「2.どちらかといえば同意できない」「1.同意できない」の回答の平均値、カッコ内は標準偏差を示す。

（佐藤雄一郎）

あとがき

　本書は、日本教師教育学会（第11期）の第Ⅱ研究部のメンバーが中心となっ
て検討した今後の大学における教師教育のグランドデザインと、それに関連す
るメンバーの個別の論文を収録したものである。言うまでもなく、専門学会が
その専門とする事柄に関して知見をとりまとめて世に問うこと、それは、学会
の社会的存在意義を証明することでもある。しかし、さまざまな考えや立場に
ある個々の研究者が、共同で教師教育に関する「共通のビジョン」を描くこと
は、容易なことではなかった。しかしながら、私たちは、長年にわたって行わ
れてきたわが国の教師教育政策に関して、共通の問題意識を持っており、我が
国の大学における教師教育の将来的ビジョンを社会に示すことが、専門家とし
ての責務であるという一種の使命感を持ちながら、長期的な視点から、そして、
本質的な視点から検討を加えてきた。教職を真に「自律的でクリエイティブな
高度専門職」にするためにはどうすればよいのか。我々がとりまとめた「グラ
ンドデザイン」とそれに関連する本書の各章の論文が、我が国の教師教育政策
や教師教育に携わる方々にとって少しでもお役に立てれば幸いである。

　こうした困難なプロジェクトが何とか完成に至ったのは、科研代表者で課題
研究Ⅱの担当理事である鹿毛雅治氏のたぐいまれなリーダーシップと、課題研
究Ⅱのメンバーの先生方、および、インタビュー調査やアンケート調査にご協
力いただいた多くの皆さんのご協力のおかげである。あらためて御礼を申し上
げたい。

　最期に、本書の刊行にあたって学文社の落合絵理さんには大変お世話になっ
た。御礼を申し上げたい。

　2024年3月

　　　　　　　　　　　日本教師教育学会第11期　研究推進委員長　牛渡　淳

索　引

【執筆者紹介】

(執筆順、＊は編者)

＊**牛渡 淳**〔第1章〕

＊**鹿毛 雅治**〔第2章〕

佐藤 雄一郎(さとう ゆういちろう)〔第2章、資料・調査データ〕
慶應義塾大学大学院社会学研究科博士課程 修士(教育学)
大学卒業後、中学校非常勤講師を経て、2019年より慶應義塾大学大学院に在学。
専門分野：教育心理学(教師の専門的能力)
主な著作・論文：『小学校教師の用いる学習指導方法の弁別、及び児童の授業に対する楽しさ、
理解度との関連』(佐藤他、2023)

樋口 直宏(ひぐち なおひろ)〔第3章〕
筑波大学人間系教授 博士(教育学)
筑波大学大学院博士課程単位取得退学。立正大学、筑波大学准教授を経て2014年より現職。
専門分野：教育方法学(授業研究、小中一貫教育)
主な著作・論文：『批判的思考指導の理論と実践』(学文社、2013年)、『実践に活かす教育課程
論・教育の方法と技術論』(共編著、学事出版、2020年)ほか。

金馬 国晴(きんま くにはる)〔第4章〕
横浜国立大学教育学部教授 修士(教育学)
一橋大学社会学部卒業、東京大学大学院博士課程単位取得退学。湘南工科大学専任講師、横
浜国立大学教育人間科学部講師、助教授、准教授を経て2017年より現職。
専門分野：教育学(カリキュラム論、生活科・総合学習、教育哲学、ワークショップ他)
主な著作・論文：編著『カリキュラム・マネジメントと教育課程』(学文社、2019年)、共編『総
合的な学習／探究の時間：持続可能な未来の創造と探究』(学文社、2020年)ほか。

＊**岩田 康之**〔第5章〕

福島 裕敏(ふくしま ひろとし)〔第6章〕
弘前大学教育学部教授 修士(社会学)
一橋大学大学院博士課単位取得退学。日本学術振興会特別研究員等を経て2005年より弘前大
学教育学部勤務。 2018年より現職。
専門分野：教育社会学(教員文化)、教師教育学(教員養成カリキュラムの効果検証)
主な著作・論文：『教育のあり方を問い直す』(共編、東信堂、2019年)、『教師の責任と教職倫
理』(共編、勁草書房、2018年)ほか。

山崎 奈々絵（やまざき ななえ）〔第7章〕
聖徳大学大学院教職研究科教授　博士（社会科学）
お茶の水女子大学大学院博士後期課程単位取得満期退学。東海大学助教等を経て2022年より現職。
専門分野：日本教育史（戦後教員養成史）
主な著作・論文：『戦後教員養成改革と「教養教育」』（六花出版、2017年）ほか。

和井田 節子（わいだ せつこ）〔第8章〕
NPO法人子ども支援地域プラットフォーム代表　修士（教育学）
筑波大学大学院修士課程教育研究科修了。千葉県公立高校教諭、名古屋女子大学准教授、共学大学
教育学部教授を経て2024年より現職。
専門分野：学校臨床心理学、教育相談。学校心理士。公認心理師。
主な著作・論文：『教育相談係どう動きどう楽しむか』（ほんの森出版、2004年）、「学校教育相
談の力量育成」『学校教育相談研究』（第32号、2022年）ほか。

＊**勝野 正章**〔第9章〕

仲田 康一（なかた こういち）〔第10章〕
法政大学キャリアデザイン学部准教授　博士（教育学）
東京大学大学院教育学研究科博士課程単位取得満期退学。常葉大学講師、大東文化大学講師・
准教授等を経て2022年より現職。
専門分野：教育行政学、教育法制・政策研究
主な著作・論文：『コミュニティ・スクールのポリティクス』（勁草書房、2015年）、『コミュニ
ティと教育』（共編著、放送大学教育振興会、2024年）ほか。

伏木 久始（ふせぎ ひさし）〔第11章〕
信州大学学術研究院教育学系教授　博士（教育学）
東京都内の小中高校の教諭を経て信州大学教育学部へ赴任（2012年より現職）。長野県教育委員
会教育長職務代理者、フィンランド国立教育研究所客員研究員などを兼任。
専門分野：教育方法学・教師教育学
主な著作・論文：『山と湖の小さな町の大きな挑戦―信濃町の小中一貫教育の取り組み』（共著、
学文社、2017年）、『「個別最適な学び」と「協働的な学び」の一体的な充実を目指して』（共編
著、北大路書房、2023年）ほか。

＊**浜田 博文**〔終章〕

川村 光（かわむら あきら）〔補章〕
関西国際大学教授　博士（人間科学）
大阪大学大学院博士後期課程単位取得退学。滋賀大学を経て2010年より関西国際大学勤務、
2015年より同教授。
専門分野：教育社会学（教師文化、教師のライフコース）
主な著作・論文：『専門職として成長し続ける教師になるために―教職詳説』（共著、人言洞、2023年）、
『教師の学習と成長－人間教育を実現する教育指導のために』（共著、ミネルヴァ書房、2021年）ほか。

【編者紹介】

鹿毛 雅治（かげ　まさはる）

慶應義塾大学教職課程センター教授　博士（教育学）

慶應義塾大学大学院博士課程単位取得退学。日本学術振興会特別研究員、スタンフォード大学心理学部客員研究員等を経て2005年より現職。

専門分野：教育心理学（モチベーション論、授業論）

主な著作・論文：『学習意欲の理論―動機づけの教育心理学』（金子書房、2013年）、『授業という営み―子どもとともに「主体的に学ぶ場」を創る』（教育出版、2019年）ほか。

勝野 正章（かつの　まさあき）

東京大学大学院教育学研究科教授　PhD（University of Waikato）

北星学園大学、お茶の水女子大学を経て2004年より東京大学（2013年より現職）。

専門分野：教育行政学・学校経営学・教育政策研究

主な著作・論文：Teacher evaluation policies and practices in Japan: How performativity works in schools, Routledge, 2016.『教育の法制度と経営』（編著、学文社、2020年）ほか。

牛渡 淳（うしわた　じゅん）

仙台白百合女子大学名誉教授　博士（教育学）

東北大学大学院教育学研究科博士課程後期三年の課程単位取得満期退学。米国カリフォルニア大学バークレー校客員研究員、仙台白百合女子大学教授、同大学学長等を経て2023年4月より同大学名誉教授。

専門分野：教師教育研究、教育行政学、教育経営学、児童文化論

主な著作・論文：『教師教育におけるスタンダード政策の再検討―社会的公正、多様性、自主性の視点から―』（共著、東信堂、2022年）、『現代米国教員研修改革の研究』（風間書房、単著、2002年）ほか。

岩田 康之（いわた　やすゆき）

東京学芸大学先端教育人材育成推進機構教授　博士（教育学）

東京大学大学院博士課程単位取得退学。杉野女子大学（現・杉野服飾大学）講師などを経て2000年より東京学芸大学勤務、2012年より同教授。

専門分野：教師教育（システム・カリキュラム研究）

主な著作・論文：『「大学における教員養成」の日本的構造―「教育学部」をめぐる布置関係の展開―』（学文社、2022年）、『現代の教育改革と教師―これからの教師教育研究のために―』（共編、東京学芸大学出版会、2011年）ほか。

浜田 博文（はまだ　ひろふみ）

筑波大学人間系教授　博士（教育学）

筑波大学大学院単位取得退学。日本学術振興会特別研究員、鳴門教育大学、東京学芸大学で勤務後、1998年から筑波大学に勤務。日本教育学会事務局長、日本学術会議連携会員。

専門分野：学校経営学・教師教育学（学校組織論、学校改善の理論的・実践的研究）

主な著作・論文：『学校を変える新しい力―教師のエンパワーメントとスクールリーダーシップ―』（編著、小学館、2012年）、『学校ガバナンス改革と危機に立つ「教職の専門性」』（編著、学文社、2020年）ほか。

大学における教員養成の未来―「グランドデザイン」の提案

2024年4月30日　第一版第一刷発行

監　修　日本教師教育学会

　　　　鹿毛雅治・勝野正章
編　者　牛渡　淳・岩田康之
　　　　浜田博文

発行者　田中　千津子

発行所　株式 学文社
　　　　会社

〒153-0064　東京都目黒区下目黒3-6-1
電話　03（3715）1501 ㈹
FAX 03（3715）2012
https://www.gakubunsha.com

ISBN978-4-7620-3335-3